LOCUS

LOCUS

LOCUS

LOCUS

from

vision

from 26　時終

Our Final Hour

作者：芮斯 (Martin Rees)

譯者：丘宏義

責任編輯：湯皓全

美術編輯：謝富智

法律顧問：全理法律事務所董安丹律師

出版者：大塊文化出版股份有限公司

台北市 105 南京東路四段 25 號 11 樓

www.locuspublishing.com

讀者服務專線： 0800-006689

TEL ：(02) 87123898　FAX ：(02) 87123897

郵撥帳號： 18955675　　戶名：大塊文化出版股份有限公司

總經銷：大和書報圖書股份有限公司　地址：台北縣五股工業區五工五路 2 號

TEL ：(02) 89902588 (代表號)　　FAX ：(02)22901658

排版：天翼電腦排版印刷有限公司　　製版：源耕印刷事業有限公司

初版一刷： 2005 年 4 月

定價：新台幣 280 元

Printed in Taiwan

Our Final Hour
時終

Martin Rees 著
丘宏義 譯

目錄

序

今日科學進展的速度勝於以往，而且領域更廣：生物的、電腦的，以及奈米科技①都貢獻了令人興奮的前景，太空的探測亦然。可是也有陰暗的一面：新科學可能有意料之外的後果；能讓個人擁有進行極度恐怖活動的能力；甚至無心之過也可能釀成浩劫。二十一世紀科技的「陰暗面」，可能要比我們面對了數十年的核子災禍威脅更嚴重、更難處理。而人類所引發的全球環境壓力，產生的風險可能比地震、火山爆發及小行星撞擊②等存在已久的災難更高。

本書雖小，但內容廣泛。各章可以獨立閱讀：處理的議題關乎軍備競賽、新科技、環境危機、科學發明的範疇及限制，以及在地球之外生活的展望。和許多專家討論讓我獲益匪淺，然而，有些專家可能會發現，倉促行文之際我的表達和他們個人的估量有所差異。但這些都是有爭議性的主題，也確實都是長遠未來的發展「劇本」。

如果沒有其它的價值，至少我期望能針對如何（儘可能地）防範最兇惡的危險，激起一些討論，同時以最佳方式發展對人類有益的知識。科學家及科技專家都有特別的職責。可是在緊密相繫的世界中，這個觀點應當能加強每個人的關切程度，把公共政策聚焦在自覺受侵害或最脆弱的社群上。

我要感謝約翰·布洛克門（John Brockman）鼓勵我寫這本書，謝謝他和依麗莎白·馬奎爾（Elizabeth Maguire）的耐心，以及克麗斯汀·瑪拉（Christine Marra）與她的同僚們迅速、有效率的工作表現，讓本書順利付梓出版。

1 前言

二十世紀為我們帶來了原子彈，自此以後核武威脅一直揮之不去；來自恐怖主義的短期威脅，在公衆及政治議題上備受關注；而財富及社會福利的不均愈來愈甚。針對這些深具挑戰性的主題，研究文獻正快速累積，我的主要目的並非再添一筆，而是將焦點放在二十一世紀的危機上；這些危機目前我們仍不熟悉，但對人類及全球環境的威脅可能更劇烈。

這些新威脅有的已經臨頭；有的僅是臆測。全人類可能被藉由空氣傳播的「特製」致命病毒所殲滅；新科技可以改變人的特質，其對症下藥的程度比我們今日所熟悉的藥物及偏方更有效；有一天我們甚至可能被災難般自我繁殖的惡棍奈米機械或具備超級智慧的電腦威脅。

其他的新危險也不能完全排除。以極巨大的力量讓原子互撞的實驗，可能會啓動鏈式反應①，把地球上的一切毀損殆盡；這些實驗甚至可能撕裂空間本身的結構，形成一場終極的「末日」浩劫，輻射塵將以光速傳播，吞沒整個宇宙。後者情節的發生機率非常低，可是卻以極端的形式提出問題：由誰決定，以及如何決定，是否應當進行有眞正的科學目標（而且可想見有實際的益處），卻也有導致徹底毀滅性結果之微小風險的實驗。

我們和祖先一樣，仍然活在足以毀滅全世界的災難威脅之下：例如超級火山爆發、巨大的小行星撞擊地球等等。所幸發生全球性自然浩劫的頻率很低，因此在我們有生之年不大可能出現。這使得我們不去想它，不會夜不成眠。可是在這些大災難之外，我們又自行加上其他的環境危機，而這些危機可不能認爲它們不會發生。

冷戰期間，籠罩在我們頭上的主要威脅是兩大超級強權的對抗態勢不斷升高，引發全面以熱核武器相互攻擊。現在我們顯然已經避開了那種威脅。可是許多專家——更確切地說，是在那些年歲中掌控政策的一些人——認爲我們非常幸運；有些人認爲冷戰期間蓄積的世界末日風險高達百分之五十。發生全面核戰的立即危機已經消退，可是還有一項核武危機持續升高：遲早在世界的某個角落，會有人動用核子武器。

核武可以拆解，但核武的發明是無法挽回的事實。其威脅根深柢固，也可能在二十一世紀重現：我們不能排除世界重新洗牌後，再出現和冷戰對峙一樣危險的僵持局面、部署更多武器的可能性。即使年復一年看來都屬溫和的威脅，如果持續數十年不去，危機也會積沙成塔。但其他具有相同的破壞力、卻更難控制的威脅，讓核子武器相形見絀。這些威脅不見得主要來自各國的政府，甚至不一定來自「流氓國家」，也會來自能取得先進科技的個人或小群體。個人能夠引發浩劫的途徑多得令人擔心。

核武時代的戰略家訂出一項嚇阻準則：「相互保證毀滅」(mutual assured destruction，其縮寫恰如其分：MAD，發瘋）。爲闡明這項準則，眞實世界中的「奇愛博士」②假想出一部「世界末日機」③。這是一項終極的嚇阻武器，威力之恐怖讓百分之百理性的政治領導人都不敢放手不管。本世紀稍晚，科學家或許眞能造出非核的世界末日機。可以想見，普通的公民也有機會獲得這種毀滅性的能力，而在二十世紀，卻只有少數擁有核武的國家，其主政者才握有這項駭人的特權。如果有幾百萬根手指按在「世界末日機」的按鈕上，只要一個人失去理性，甚至一個人的失誤，就能毀了我們所有人。

如此極端的情勢也許因爲太不尋常，所以永遠不會出現，就如以紙牌搭建高樓，理論上可行而實際上無法造出。遠在個人獲取「世界末日」的潛力之前——實際上也許在十年之內——某些人就會得到力量，在無法預料的時間，以相當於今日最惡劣的恐怖暴行之規模引發事端。不需要像蓋達（Al Qaeda）式的組織網絡：只要有一個狂熱份子或社會適應不良的人，加上現今電腦病毒設計者的心態就夠了。每一個國家都有這種傾向的人——當然，數目極少，可是生物及電腦科技的威力將會增強，強大到只要一個都算太多的地步。

到了本世紀中葉，社會及國家可能已徹底洗牌、重組；人們的生活方式可能大爲不同，可以活到更老的年紀，見解和目前的人也不相同（可能被藥物、植入的晶片等等所改變）。可是有一件事不太可能改變：個人仍舊會犯錯，且會有心中充滿怨恨的孤僻者及異議團體犯下惡行的風險。進步的科技能提供製造恐怖及毀滅的新工具；即時的全球通訊將會加強它們對社會的衝擊。而更令人擔心的是，浩劫可能單純來自科技方面的意外事故。即使在管理良善的組織中，也可能發生災難性的意外事件（例如，無意中創造或釋放出某種有毒、快速散佈的病原體，或者有毀滅性的電腦軟體錯誤）。當威脅益發嚴重、可能爲非作歹的人更多時，全面崩潰可能導致社會體系受損與退步。甚至人類本身也有長期的危機④。

科學絕非如某些人所宣稱，即將走到終點；反之，科學是以加速度洶湧向前。對於實體世界的根本性質、生命的錯綜複雜、腦以及宇宙，我們仍然困惑不已。能解開這些謎團的新發現，會引發良善的應用；可是也會造成倫理的困境，並帶來新的危機。遺傳學、機器人學及奈米科技將爲未來帶來形形色色的益處，也有觸發全面性災難的風險（即使不高），我們要如何在兩者之間取得平衡呢？

我個人的科學興趣是宇宙學：以能想像最寬廣的視野來研究我們的環境。這似乎和聚焦於地球上的實用性問題相扞格：用天文物理學家兼小說家格列果里．本福得（Gregory Benford）的話來說，研究「世界之間的大環流……影響了天文學家，或許也是折磨，使他們察覺到我們有多麼像蜉蝣。」⑤可是沒有幾個科學家足夠超凡出世，能符合本福特的描述：專注於近乎無垠的太空，並不能使宇宙學家在處理日常瑣事時特別「達觀」(philosophical)，也不會因此對地面上的我們在今日或明日要面對的問題更不關心。現在我隸屬於劍橋國王學院，該學院曾有一位數學家兼哲學家法蘭克·蘭姆西（Frank Ramsey），他的話可以爲我的主觀看法做更好的表達：「我面對廣大的蒼穹時，毫不覺得卑微。星體或許很巨大，但它們不會思考，也沒有愛；這些特性令我感動，遠超過大小的問題所能及……，我心中的世界是以眞實的尺寸繪成，而非按比例尺製成的模型。最重要的位置是由人類佔據，星辰皆不值一哂。」⑥

宇宙觀確實能加強我們對於此時此刻所發生事物的關心，因爲它提供了一個願景，顯示出生命未來的潛能有多麼驚人。地球的生物圈是四十億年以上達爾文式天擇的結果：現在的文化普遍接受過去經歷了如此漫長的演化過程⑦。但較諸過去，生命的未來可以更長久。在無垠的未來紀元中，地球上及地球之外可能會顯現更令人讚嘆的多元性。智慧和複雜性的開展，可能離宇宙初始的階段還不算太遠。

有一張早年拍攝的太空照片很令人難忘，那是在一艘繞月球軌道飛行的太空船上所看到的「地出」(earthrise)。人類棲息地的陸地、海洋及雲層，看來就像一層薄薄的釉料，它的美與脆弱，和太空人留下足跡、荒涼無生命的月球表面，成了強烈的對比。我們得見這些從遠距離拍攝的地球全景，只不過是最近四十年來的事。可是我們的星球存在的時間超過四十年的一億倍。在這段宇宙級的時間中，它經歷了什麼變化？

大約在四十五億年之前，一朵宇宙雲（cosmic cloud）凝結成我們的太陽；那時它被一團渦漩轉動的氣礫所包圍。氣礫中的塵埃凝聚成大量繞軌道運行的岩石，接著這些岩石結合，形成行星群。其中一顆變成我們的地球：「太陽之外的第三顆岩石。」新生的地球不斷遭受其他物體的碰撞，有些物體幾乎就和行星本身一樣大；有一次這類撞擊所撞出的大量熔岩，多到形成了月球。之後情況平靜下來，地球逐漸冷卻。接下來能被遠處的觀測者清楚察覺的轉變都是緩步進行的。在一段超過十億年的漫長時間中，氧氣逐漸在地球的大氣中聚集，這是第一批單細胞生物的傑作。之後，當大陸漂移時，生物圈和陸地的形狀慢慢出現變化。冰封地表，繼而融化；甚至可能有幾段時期，整個地球都結了冰，看上去是白色而不是淡藍色[8]。

唯一全球性的驟變是由碩大的小行星轟擊或超級的火山爆發所引起。諸如此類的事件會把碎礫射進同溫層，停留數年之久，直到這些塵土及微粒落回地面之前，地球看起來呈暗灰色，而不是淺藍色，期間陽光無法穿透，照到陸地或海洋上。除了這些短暫的外傷之外，沒有突發的事件：新物種一個接一個地出現、演化，然後在為期數百萬年的地質時代中絕跡。

可是就在地球歷史的一個小片斷中——屬於最後百萬分之一的幾千年內——植物形態的改變比以前更為快速。這標誌了農業的開展：學會使用工具後的人類，烙印在地表上的痕跡。改變的步伐隨著人口的增加而加速，但接著就可以感受到相當不同、甚至更為突然的轉變。在地球歷史中的多數時間，大氣裡的二氧化碳含量都是緩速下降，卻在五十年之內反常激增。這個行星變成一個強力的無線電波（所有電視台、行動電話及雷達所發射的總和）發射體。

還有其他在地球四十五億年的歷史中從沒有過的事情發生：金屬的物體——雖然都很小，至多幾噸——離開這顆行星的表面，完全自生物圈中逃離。有些被推入繞行地球的軌道上；有些旅行到月球及行星去；有些甚至沿著一個會使它們深入星際空間的軌道，離開太陽系，一去不回。

一支科學先進的外星族看著我們的太陽系時，可能會很有信心地預測地球在另一個六十億年之後將面臨末日，當太陽陷入死亡的苦難時，會膨脹成一顆「紅巨星」（red giant)，把駐留在地球表面的一切蒸發殆盡。可是他們能否預測到，在還不到地球壽命一半的時候，會發生史無前例的痙攣——人類所引起的交替，在地球所歷經的歲月中還佔不到百萬分之一的時間，而且仍以脫韁之馬的速度持續發生？

如果他們繼續觀察，這些假想的外星人在接下來的百年之中會看到什麼？在最後的尖聲吶喊之後，隨之而來的會是靜寂？還是這顆行星本身會穩定下來？又是否會有一些從地球發射的金屬物體，在太陽系的其他地區孵育出新的生命綠洲，最後利用異於地球所擁有的生命形態、機械，或者先進的訊號，將其影響力延伸到太陽系之外的遠處，創造出一個持續擴大、最後滲透整個銀河系的「綠色星球」(green sphere)？

斷言此時此刻是（創世的大霹靂之外）時間和空間中最關鍵的位置，可能不是荒謬的夸言——確實，甚至不算言過其實。我認爲，目前地球上的人類文化能倖存到本世紀末的機率不大於百分之五十。我們的選擇及行動可以保證生命有永續的未來（不只在地球上，也可能遠在地球之外）。或者恰恰相反，因爲惡意或者不幸，二十一世紀的科技可能危及生命的可能性，抹殺人類及後人類的未來。在近乎永恆的時間中，未來會有愈趨複雜及微妙的生命形態，或是除了基本元素之外空無一物，可以想見將由本世紀發生在地球上的事決定。

2 文明歸零——新科技前景？

二十一世紀的科技改變的不只是人類的生活方式，可能連人類本身都會被改變。一種具備超級智慧的機器可能是人類最後的發明。

上個世紀發生的變革比過去一千年還多。「新世紀中將看到的改變，會使過往自慚形穢。」在千禧年的黎明——二〇〇〇及二〇〇一年，人們經常用這句話來表達心中的感觸；但其實此言首度出現在一百多年前，話中指涉的是十九及二十世紀，而非二十與二十一世紀。一九〇二年，年輕的威爾斯[1]在倫敦的皇家學院發表題爲「未來的發現」(Discovery of the Future) 的演說時，道出此言[2]。

十九世紀末，達爾文及地質學家已經粗略勾勒出地球及生物圈如何演化。當時仍未能確認地球的年齡，可是估計的數字已經提升到數億年。達爾文最重要的擁護者及宣傳者赫胥黎，將這些在當時尚屬新穎及令人激動的觀念傳授給了威爾斯[3]。威爾斯的演說帶有一種預言式的風格。他說，「人文科學已經發展了一段時日，我們走過的路程預示了當往之方向。所有的過去僅是一個開始的開始；所有人類心智的成就僅是甦醒前的夢。」其絢爛華麗的講詞在百年之後仍然能引起共鳴。我們對科學——原子、生命及宇宙——的了解進展快速，幾乎已到達他無法想像的境地。威爾斯所言正確：二十世紀所看到的變化要比先前千年爲多。簇新的發現所帶來的副產品，已經改變了我們的世界及生活。驚人的科技革新一定和未來數十年的展望一樣，使得他興奮不已。

可是威爾斯並非天眞的樂觀主義者。他的演說強調了全球性災禍的危機：「不可能證明爲何不會有某些事物把人類的種族及歷史毀滅殆盡；爲什麼黑夜不會現在降臨，把我們所有的美夢及成就都化爲烏有……某種來自太空的物體、瘟疫、空氣中的惡疾、隨彗星而來的毒素、地球內部噴發的氣體、新物種把我們當作獵物、藥物，或者人類的心智陷入毀滅性的瘋狂狀態。」晚年時，威爾斯變得更悲觀，在他的最後一本書《技窮的心智》（*The Mind at the End of its Tether*）中看得格外清楚。如果今日他還在世，對科學的「陰暗面」近乎絕望的他，恐怕會更失落。人類已經具備以核戰來毀滅文明的能力；而在新世紀中，人類逐漸獲得同樣致命的生物學專業知識。整合的社會更禁不起來自電腦網路的風險；而人類加諸環境的壓力不斷升高，岌岌可危。新發現的影響良窳互見，兩者之間的對立與科學帶來的強大力量所引發的威脅，都眞實得令人不安，而且不斷尖銳化。

皇家學院的聽衆一定已經知道威爾斯是《時間機器》（*The Time Machine*）的作者。在這部經典小說中，時間旅行者慢慢將時光機的油門往前推：「夜晚的降臨就像關燈一樣，轉瞬就是明天。」當他加快速度，「日與夜的悸動融爲一片連續的灰色調，……我旅行，駐足，再啓程，每一步跨越千年以上的時間，貼近地球命運的奧祕，出神地看著太陽在西方天空中漸趨碩大、黯淡，而古老地球上的生命逐漸衰亡。」他遇到一個人類物種一分爲二的紀元：無能而幼稚的依洛依人（Eloi），以及住在地底下、殘暴的莫洛克族（Murlock），他們剝削利用依洛依人。他最後到達三千萬年之後的世界，所有熟悉的生命形態都已滅絕。然後他返回當下，帶回一些奇異的植物做爲旅行的證據。

在威爾斯的故事中，需要八十萬年的時間讓人類分爲兩個亞種，這段時間的長短和今日對於人類需要多久才能透過天擇而出現的想法相吻合。（最早的人科祖先可以追溯到四百萬年以前；「現代」人取代「尼安德塔人」④至今則約爲四萬年。）可是在新世紀中，人類軀體及大腦的變化將不受達爾文天演論的步調所限制，甚至不受限於選擇育種的速度。如果廣泛運用基因工程及生物科技，人類生理與智能出現古怪變異的速度，將遠比威爾斯所預見的更快。誠然，李・薛爾佛（Lee Silver）在其著作《改造伊甸園》（*Remaking Eden*）中臆測，只要幾個世代的時間，就可以讓人類分爲兩個物種：如果能讓父母「設計」出具有基因優勢子女的科技只有富人得享，將會擴大「富有基因人種」（GenRich）與「自然人種」（Naturals）之間的歧異⑤。非遺傳性的改變可能來得更爲迅速，不到一個世代就能轉變人類的心智特質，一如新藥快速研發、上市。基本上在信史時代中從未改變過的人類本質，可能會在本世紀之中開始轉變。

失敗的預測

我最近在一家舊書店中找到一些科學雜誌，最老的出版於一九二〇年代，而這些雜誌描述了對未來的想像。當時想像的未來飛機有一排排上下相疊的機翼；這些藝術家們推測，因爲雙翼飛機⑥似乎要比單翼飛機進步，把機翼堆得像百葉窗應當更爲「先進」。外推法（extrapolation）很容易產生誤導。再者，以目前的趨勢做成簡單的推測，將會錯失最具革命性的創新：能真正改變世界、在本質上全然新穎的事物。

甚至法蘭西斯・培根⑦在四百年前便強調，最重要的進展往往是最不被預期的。有三件古代的發現令他特別驚奇：火藥、絲綢，以及航海用的羅盤（譯按：這些都是中國的發明）。他在《新工具》（*Novum Organum*）中寫道：「這些東西……的發現不是透過哲學或理性的推論，而是機緣巧合。」它們「在本質上不同」，因此「沒有任何既有的觀念可能導致它們被發現。」培根的信念是，「還有許多有極佳用途的東西儲藏在大自然的懷抱中，它們和已經被發現的事物沒有任何關連，也沒有相似之處……它們置身於想像的路徑之外。」

對於威爾斯來說，一八九五年發現的X光必定讓他感到神奇不已，就像羅盤之於培根。雖然這些東西的用處不言而喻，但其發現不可能預先計畫。要能使血肉之軀透明呈現的研究計畫不會得到贊助，即便有這項研究也絕對不可能導致X光的發明。而重大發現總是在我們的意料之外。幾乎沒有人有辦法預測到二十世紀後半葉改變世界的發明。一九三七年，美國國家科學院（US National Academy of Sciences。譯按：類似中央研究院的政府研究機構）進行一項研究，目的在預測往後的重大突破，對今日的科技預測者而言，這份報告是有所助益的閱讀材料⑧。研究報告中對於農業、人造汽油及人造橡膠提出一些明智的評估，但更值得注意的是沒能預測到的東西。沒有提到核能，沒有抗生素（雖然這是在亞歷山大・佛來明〔Alexander Fleming, 1881-1995）發現盤尼西林八年後所做的預測），沒有噴射機，沒有火箭，也沒有任何對太空的利用，沒有電腦；當然更沒有電晶體。這個委員會忽略了實際主宰二十世紀下半葉的科技，也沒有預測到同時間在社會及政治上發生的轉型。

科學家甚至對其研究領域中的發現都經常視而不見。恩納斯特・拉塞福（Ernest Rutherford, 1871-1937）在其生存的年代中，是最偉大的核子物理學家，但他將核能的實用性斥爲「胡言亂語」⑨卻是衆所周知。無線電方面的先驅把無線傳輸視爲電報的替代品，而不是一種「一對多」的播送工具。不管是偉大的電腦設計者兼數學家約翰・馮・諾尹曼（John von Neumann, 1903-1957），或是ＩＢＭ的創辦人湯馬士・華生（Thomas J. Watson, 1874-1956），都未能想見舉國所需的計算機不止區區數台。今日無所不在的行動電話及掌上型電腦，會使一個世紀之前的人盡皆感到驚奇；亞瑟・克拉克⑩有句名言說，夠先進的科技和魔術之間難以區別，而這些事物就是範例。這麼說來，新世紀中將會出現什麼讓我們覺得是「魔術」？

對於完全出乎意料之外的發現所導致的巨大變化，大致上推測者都未能預見。相形之下，漸增的改變往往比推測者所預期的爲慢，即使技術上有可能實現，無疑還是慢上許多。少有人和克拉克一樣有先見之明，但在二〇〇一年之後，要看到大型的太空殖民地或月球基地，的確還得等很久。而民航科技已經停滯不前，幾乎就和由人駕駛的太空飛行一樣。我們現在就能擁有高超音速（hypersonic，編按：五倍音速以上）客機，可是——基本上出於經濟及環境方面的理由——我們沒有；我們用來橫渡大西洋的噴射機，基本上過去四十五年來的性能都很類似，而未來的二十年很可能仍是如此。有所改變的是運輸量。長距離的航空旅行已經變成人人負擔得起的消費。當然，還是有些科技上的提升，例如電腦控制以及全球定位系統（global positioning system, GPS）衛星所提供的精確定位；對乘客來說，最顯著的改變是精巧的機上娛樂系統。同樣地，我們開的汽車數十年來只是逐漸改進。大致上，運輸科技的發展要比許多預測者所預期慢得多。

另一方面，個人電腦數量增加與品質提升的速度，以及諸如網際網路等副產品的出現，則在克拉克及許多人的意料之外。近三十年以來，微晶片上蝕刻的電路密度每隔十八個月就會倍增，和英特爾（Intel Corporaion）的創辦人戈登・摩爾（Gordon Moore）所提出的著名「定律」相符。結果是，電玩的運算能力遠比阿波羅號太空人登陸月球時的電腦強大許多。我在劍橋的同儕喬治・埃佛斯塔西奧（George Efstathiou）用電腦模擬銀河系如何形成及發展，一九八〇年他第一次這麼做時，必須用當時世界上最快的超級電腦花上幾個月的時間來運算，現在利用午休就能在筆記型電腦上重做。不久後，我們不止會有行動電話，還能用高頻寬和每個人通訊，瞬間就能取得所有形諸文字的知識。基因學方面的革命——二十一世紀初的首要大戲——正在加速：當偉大的人類基因組（genome）定序計畫開始時，幾乎沒有人預期到，實質上現在就能夠完成。

培根把他所認爲的三項「神奇」發現和印刷術的發明相比：印刷術裡頭沒有什麼是不公開、不明顯的……當它出現的時候，令人難以置信的是，居然這麼久以來都沒被注意到。多數的發明和印刷術一樣，都是沿著培根所說的第二條途徑：「變換、組合、應用已知（的事物）。」日常生活中常見的人工製品及小巧器物，大抵都是不斷漸次改進的成果。雖然在較早的世紀中，並沒有極佳的基礎科學組織（譯按：指國家科學基金會、研究基金會等），卻仍舊能出現革命性的創新[11]。的確，持續擴大的新知識領域，增加了卓越的驚喜出現的機會。

更快向前？

在一整個世紀當中，我們無法對科學能成就什麼設限，因此，對於現在仍停留在冒險性思想之荒蕪岸際的觀念，我們應當讓心智保持開放，至少是半開。二十世紀中葉以來，人們廣爲預測會出現超越常人的機器人。最終，更爲驚人的進展可能來自基礎科學中本質全新的概念，新到我們還無法預見，目前也無法以言語來形容。大幅外推現有的知識，是不可能做出可靠的推測的。

「人工智慧」的大師，同時也是《性靈機器時代》（*The Age of Spiritual Machines*）作者的雷・庫茲瓦爾（Ray Kurzweil），聲稱在二十一世紀將會看到「以現在的速度，要兩萬年才達到的進展。」[12]當然，這僅是一個誇張的說法，因爲只有在少數範疇中，「進展」才能量化。

今日的技術能在矽晶片上蝕刻出多細小的電路，有物理上的限制，其原因和顯微鏡及望遠鏡能夠呈現的影像清晰度有所限制一樣。但是能在更小的尺寸上印出電路的新方法已在研發當中，因此摩爾定律不會遇到極限⑬。甚至在十年內，腕錶大小的電腦將讓我們連結到更爲先進的網路及全球定位系統。向前展望，迥然不同的技術——微小交錯的光纖，在物理性質上與晶片電路無關——可以讓電腦的能力更上一層樓。

微型化雖然已經很令人驚異，但其實離理論上的極限還非常遠。矽晶片上一個微小的電路元件含有數十億個原子：這樣的電路和原則上可能存在的最小電路相比，還是極度巨大而「粗糙」。後者的大小可以只有一奈米——十億分之一米，而不是蝕刻在現今晶片上的微米（百萬分之一米）。有個長程的希望是，「由下而上」（bottom up）將一個個的原子與分子黏結在一起，組成奈米結構及電路。有生命的有機體就是這麼成長及發展，自然的「電腦」也是這樣產生的：昆蟲的腦與現今最強大的電腦擁有大略相同的運算能力。

奈米科技的宣揚者想像出一個「組合器」，能抓取單一的原子，將之四下移動，並組成零件不大於分子的機械⑭。這些技術能使電腦的處理器縮小一千倍，記憶體的資訊儲存量則比現有的最佳壓縮量大上十億倍。的確，有可能把電腦移殖到人腦中，以增進腦力。奈米機械可能有和病毒、活細胞一樣複雜精細的分子結構，可是有更多元的面貌；

它們可以完成製造的任務；可以在我們的體內爬行，進行觀察與測度，甚至執行顯微手術。

奈米科技有可能把摩爾定律再延長三十年之久；到了那時，電腦的運算能力將能和人腦媲美，而所有的人類將浸浴在電腦世界中，能和任何人即時通訊；不只是透過交談與視訊，還有精巧的虛擬實境（virtual reality）。

機器人學（robotics）的先驅漢斯・摩拉維克（Hans Moravec）相信，機械將會達到人類的智力水準，甚至有可能「取而代之」⑮。此事要實現，光有運算能力還不夠；電腦還需要能讓它們和我們一樣看、聽的傳感器（sensor），以及處理、詮釋傳感器傳來之訊息的軟體。軟體方面的進展遠比硬體爲慢；在辨認及操控實物的能力上，電腦甚至還及不上三歲小孩。想要有更多的成果，也許應該嘗試以「逆向工程」（reverse engineering）來分析人腦，而不只是提升傳統處理器的運算速度與壓縮技術。一旦電腦可以熟練地觀察、詮釋環境，就像我們透過眼睛與其他感覺器官所爲一樣，它們遠比人類迅速的思考及反應能力將賦予電腦超越我們的優勢。屆時便能將其視爲有智慧的生物體，至少在某些方面，我們可以像和其他人類交往一樣與它們（或者說，他們）相處。道德問題於焉產生。大致上我們都接受自己有義務確保其他人（實際上至少是確保某些物種）能發揮「天生」（natural）的潛能。我們對自己所創造的複雜機械人是否也有相同的責任呢？假如他們失業、受挫，或者感到厭倦，我們應否覺得內疚，也有責任爲他們建立福利措施？

人類的未來還是後人類的未來？

這些推測乃是假定我們的後代仍舊是獨具特色的「人」。但人類的特質及體形很快就會變得具有可塑性。我們腦中的植入物（或許還有新藥物）可能會大幅增進人類在某些方面的智力：如邏輯與數學的技巧，甚至我們的創造力。我們有可能「外掛」（plug in）記憶體，或者以直接輸入腦中的方式來學習（注射「即時博士」〔instant Ph. D.〕?）。人類基因組計畫的領導人之一約翰・薩爾斯東（John Sulston）以更深遠的暗示來推測：「在人的身上放進多少非生物性的硬體之後，還能稱之爲『人』？……多一點的記憶體？或許吧。更強的運算能力？有何不可？果能如此，也許長生不老就在眼前。」⑯

再進一步則應該是精細的人腦逆向分析，細微到能將思想與記憶都下載到機器裡，或者以人工重構。屆時人類藉著與電腦合而爲一，可以超越生物的範疇，也許會失去個體性，演化出共同的意識[17]。如果目前的技術發展趨勢不受抑遏，那麼我們就不能駁斥摩拉維克的信念：某些仍在世的人會永生不死——其意義是，擁有不被現有軀體所限制的生命長度。想要追求永生的人必須捨棄他們的肉體，將其頭腦下載到矽製的硬體中。依照老式的精神論說法，他們會「走到人世的另一面去。」

具備超級智慧的機器也許是人類需要完成的最後一項發明。一旦機械超越了人類的智慧，它們可以自行設計及組裝新一代更高智慧的機器。這個過程接著又自行重覆，同時科技朝尖點（cusp），或者稱之爲「奇點」（singularity），急馳而去，至此創新的速度趨於無限大[18]。（加州的未來學家溫諾・維因吉〔Vernor Vinge〕首先在這個帶有末日意味的文脈中使用「奇點」一詞[19]」。）在這樣的「奇點」出現之後，已不可能去預測世界會是何等模樣。甚至以目前所了解的物理定律爲基礎的種種限制，也可能不可靠。臆測性科學中的「主要產品」——如時光旅行、空間扭曲之類的——讓今天的物理學家困惑不已，卻可能爲新機器所駕馭，也改變了實體世界[20]。

庫茲瓦爾及維因吉當然都還站在幻想的邊緣上（甚至在邊緣之外），在此科學預言和科幻小說相會。「奇點」信念和主流未來學的的關係，有如千禧年信徒的「狂喜」（rapture）

希望——在世界末日即將到來時，形體能被拉上天堂——和基督教主流教派之間的關係一樣㉑。

穩定的背景

資訊系統及生物科技能夠突飛猛進，原因在於它們不像傳統形式的發電或運輸等基礎建設，得耗時多年建構且必須營運數十年。可是，不是每一件事物都像電子硬體一樣瞬息萬變。

如果撇開一些災難性的毀滅——或者，除非確有湧向「奇點」的科技狂潮，在到達奇點之後，超級機器人會讓世界改頭換面，劇烈的程度非我們今日所能想像——地球環境改變的速度，現在仍有極限。我們還會有道路，（可能）也還有鐵軌，但是這些運輸形式可能會有新的旅行工具來補強（例如應用全球定位系統使自動化、無碰撞風險的陸空旅行系統變得可行）。從樂觀的一面來看，發展中的世界可以不受過往遺產的阻礙，獲得二十一世紀的新基礎建設。可是能源和資源設下了某些限制：對世界上多數人口而言，超音速旅行不大可能變成家常便飯，除非能發明全然新穎的引擎或飛機設計方法。然而，有許多旅行都變成多餘的，因爲可以被長途電訊及虛擬實境所取代。

太空開發呢（也許使用新的推進系統）？機械人學及微型化已經削弱了以人進行太空旅行的短期實用性。在未來的數十年間，大量的微型人造衛星將繞行地球；配備精密儀器的無人太空探測船將會在整個太陽系中漫遊、探測；自動裝配機能組合巨大的結構，也許能從月球或小行星上開採原料。在五十年內，如果我們的文明沒有遇上災難性的反挫，人類的太空探險計畫便可能蓬勃出現，雖然這些探險很可能會由企業家或冒險家領導，而不是政府。

即使人類在宇宙中的活動範圍擴大了，與太空探險有關的人仍然是滄海一粟。在地球之外，連像南極洲及深海海床一樣「宜人」的棲息地都沒有；儘管如此，太空仍然爲狂熱的探險家及拓荒先鋒提供了背景舞台，他們最後可能在地球之外設立自給自足的社區。本世紀末之前，可能就會建立這類的社區——在月球上、火星上，或者在太空中任意漂流——做爲避難所，或者是秉持探險的精神而建。這能不能發生，如何發生，對於後人類的演化可能甚爲重要，對於未來世紀中智慧生物的命運更是如此。雖然對地球上的人類來說，這不能帶來多大的慰藉，但生命可以藉此「突破」最危險的年代：自此之後，地球上的大災難不可能遏止生命長期朝宇宙發展的潛力。

眞實世界——更長遠的視野

看法爲美國西岸的社會及政治環境所形塑的科技預測者（這類人有很多住在當地）傾向於認爲，在支持創新及消費主義宰制其它意識形態的社會體系中，改變的進程不會遇到阻力。這些假設可能欠缺論據，因爲低估了宗教在國際事務中的角色，也預測撒哈拉以南（sub-Sahara）的非洲自一九七〇年代起便會穩定進步，而非退向貧窮。無法預測的社會及政治發展，使得不確定性的因素更加複雜。的確，本書的主題之一即是，科技的進展本身使得社會更易於分崩離析。

可是即使社會分裂也不會比今日更差，這些預測充其量不過是爲未來可能的發展設定「外殼」：技術方面有可能和實際上發生的，兩者之間的鴻溝愈來愈大。有些創新就是引不起足夠的經濟及社會需求：諸如超音速旅行和載人太空旅行在一九七〇年代之後就停滯不前，今日（二〇〇二年）寬頻（第三代）技術的起步相當慢，因爲沒有幾個人想要在網路上閒逛，或者在行動電話上看電影。

對生物科技而言，禁制來自倫理而非經濟。如果沒有法規讓基因技術的應用即時勒馬，人類的體形及心智在幾代之間就會改變。未來學者如戴森（Freeman Dyson）臆測，在幾個世紀之內，現代人就可能分出好幾個亞種，以適應地球之外各式各樣的居住環境[22]。

經濟決策往往認爲二十年後可能發生的事無足輕重：除非能在更短的時間內得到回收，否則冒險性的商業投資就不值得，尤其是當潮流瞬息萬變之時。政府的決策往往都是短期的考量，只針對下一次的選舉。可是有時——例如能源政策——視野得延伸到五十年之後。有些經濟學家試圖將自然資源定出金錢價值，讓耗盡資源的代價在國家的資產負債表上一目瞭然，做爲長期性規劃及節省資源的動機。關於全球暖化的辯論催生了「京都議定書」（Kyoto Protocol），確認了未來一、兩個世紀中可能會發生的景象：各國的共識是，爲了我們所推定之二十二世紀人類子孫的利益，政府現在應當採取預防的行動（雖然這些行動是否眞能付諸實行，仍不明朗）。

如何處理核能發電的放射性廢料？在這個問題脈絡下，官方的公共政策需要看得更遠：不僅是幾百年，而是要放眼幾千年之後。有些核廢料的毒性可維持數千年之久；在英國及美國，地底貯存的規格要求是危險物質必須能被牢牢封住——不會透過地下水而外洩，或者由於地震而裂開——至少一萬年。美國環保署定下的這些地理條件，是內華達州中選的重要因素。美國的核廢料埋藏在該州猶卡山（Yucca Mountain）之下的地底深處。

關於放射性廢料處理的冗長辯論至少帶來了一項好處：激發出人們的興趣及關切，想知道我們現在的行動在未來數千年中會有怎樣的迴響——當然，相較於地球的未來歲月，幾千年還是趨近於無窮小；即便如此，這還是比多數規劃者及決策者的視野長遠許多。美國能源部甚至於召集了一個跨學科的學者小組，討論如何設計出能被數千年後的人類（如果還有）了解的最佳訊息。要警告多年之後的人類子孫，世上暗藏諸如放射性廢料儲存所等危險，直截了當、具備足夠普遍性、足以跨越任何可想見之文化隔閡的警語，眞的很重要。

旦尼．希里斯（Danny Hillis，最爲人所知的事蹟是發明「接連機器」〔Connection Machine〕，也就是早期的大量平行處理計算機〔parallel processing computer〕）鼓吹成立的「今日永存基金會」（Long Now Foundation），旨在造出一個超級經久耐用的鐘，能記錄數千年的時間推移，以提倡長期性的思考。史司都華・布蘭德（Stewart Brand）在其著作《今日永存之鐘》（*The Clock of the Long Now*）中，討論如何最佳化能幫助我們將眼光看得更長更遠的圖書館藏書內容、時間膠囊（time capsule，譯按：或譯「時代文物密藏器」，常深埋地下，供後人了解之用），以及其他經得起時間考驗的人工製品[23]。

即使改變的進程不比前幾個世紀快，但可以確定的是，在千年之內一定會有文化及政治制度上的「逆轉」（turnover）。一場翻天覆地的崩潰就能毀掉文化的連續性，造成偌大的文化隔閡，就如我們現在對於遙遠的亞馬遜流域部族的文化經驗一樣。在小華爾得・米勒（Walter M. Miller Jr.）的小說《給雷博維茲的聖詠》（*A Canticle for Leibowitz*）中，一場毀滅性的核戰讓北美回復到中古世紀的狀態[24]。天主教會是唯一倖存的組織，數代的僧侶花了幾個世紀的時間，嘗試從斷簡殘編與遺跡中重建戰前的知識與科技。傑姆斯・洛夫洛克（James Lovelock，以身爲「蓋亞」概念[25]的創始人而廣爲人知，這個概念把地球的生物圈比做自我調節的有機體[26]）力促編輯一本「文明入門手冊」，並廣爲流通，以確保無論發生什麼事都有幾本能留下來：手冊中描述從選擇育種到現代基因學的農業技術，也包含其他方面的科技。

藉由讓我們學會將眼光放遠，「今日永存」的倡議者提醒我們，不應讓今天輕率的政策置遙遠的未來世代之福祉於險境。可是他們可能低估了電腦及生物科技所帶來的全新屬性的後果。樂觀者相信，這些後果會導出本章所討論的改變；現實主義者則相信，這些進展會打開新的危險之門。前景瞬息萬變，因此除非所有國家都採取以現有科技爲基礎的低風險、永續性政策，人類甚至不可能再繁衍一世紀——遠少於一千年。但這需要讓新發現及新發明踩煞車，卻又不可行。一項更現實的預測是，在一個世紀以內，人類社會在地球上的生存會曝露在新的挑戰之中，其威脅性之大，會使得數千年後內華達州的輻射強度問題看似無關緊要。確實，下一章將會讓我們了解，我們能活過最近五十年而無重大災禍，實在是很幸運。

3 末日之鐘——軍備的賭注

冷戰讓我們曝露在人類已知承受過的最高風險之中。核戰蹂躪世界的危險仍然隱隱作祟，可是源自新科學的威脅更爲棘手。

綜觀人類的歷史，最慘重的災禍大多來自環境力量的重創——洪水、地震、火山與颶風——以及瘟疫。可是二十世紀最大的浩劫，卻是由人類直接引發：一項估計顯示，在兩次世界大戰及其餘波動盪中，一億八千七百萬的人死於戰爭、屠殺、迫害，或者政策所引起的飢荒①。二十世紀也許是頭一遭，戰爭及極權政權所殺害的人多於任何天災。然而，這些人爲浩劫搬演的時空背景，卻是人類的福祉逐漸改善，非但先進的國家如此，許多開發中的國家亦然。後者的出生時平均餘命已近乎倍增，而赤貧的人口比例已下降。

籠罩二十世紀後半葉的危機，遠比過去任何危及人類物種的事物都更爲險惡：亦即爆發全面核武戰爭的威脅。目前我們已然避開這項威脅，可是它已威脅我們四十年之久。

甘迺迪總統本人在古巴飛彈危機②期間曾說過，發生核戰的機率「約在三分之一到二分之一之間。」這當然是累積了好幾十年的危機：任何時刻，對於危機的反應可能逐漸升級，終至失控；超級強權因爲腦筋糊塗和估計錯誤，蹣跚走向最終的大決戰③。

一九六二年古巴飛彈危機的僵局，是讓我們最接近計畫發動核武對戰的事件。歷史學家小亞瑟・史勒辛格（Arthur Schlesinger Jr.）當時爲甘迺迪總統的助理，據他所言：「這非但是冷戰期間最危險的一瞬間，也是人類歷史上最危險的時刻。過去從未出現這種情形，兩相爭霸的超級強權同時擁有毀滅世界的科技力量。幸運的是，甘迺迪及赫魯雪夫都是冷靜自制的領袖；要不然我們今日可能不會在這裡。」④

羅勃・麥納馬拉（Robert McNamara）是當時美國的國防部長，越戰戰情節節升高之際他仍然在任。他後來寫道：「即使發生浩劫的機率很低，仍是很高的風險，而我認爲我們不應當繼續接受……。我相信這是處理得最好的冷戰危機，可是我們在不知不覺之中，距離核戰之近曾經間不容髮。避免了核武戰爭，不是我們的功勞——至少，我們得既幸運，又明智……。人類的不免犯錯（我們永遠無法去除這一點）與核子武器兩者之間無明確比例的混和，帶來極高之國家覆亡的可能性，對我來說這顯然就是古巴飛彈危機的結果。」⑤

整個冷戰期間我們都被迫捲入這場賭局。即使是悲觀主義者，可能也不認爲有百分之五十的機率會發生核武戰爭。因此對於我們和人類社會能夠存活下來，無須感到驚訝；能倖存的可能性要比不能大得多。即便如此，這不必然意味我們處於審慎控管的危機中；也不是替兩大超級強權數十年來的政策——揚言大規模反擊的核武恫嚇手段——辯護。

値得冒險嗎？

假設有人找你玩俄羅斯式輪盤（在有六個彈膛的左輪手槍裡裝入一顆子彈），告訴你如果你沒死，可以贏得五十元。最可能的結果是（五比一的機率，對你較有利），確實出現好結局：你還活著，而口袋中多了五十元。話雖如此，除非你自認是賤命一條，否則這會是失之輕率——甚至愚蠢至極——的賭博。擺在面前的回報得要非常的大，明智的人才會願意冒險以命一搏：如果賭贏的代價是五百萬而不是區區五十元，可能有許多人會被打動。同樣地，如果你身染某種疾病，不動手術預後（prognosis）的情況就很不好，那時——只有在那種時候——你也許會選擇進行一項有六分之一死亡機率的手術。

因此，在冷戰時期讓自己置身危及全球的風險之中，是否值得？顯然，答案取決於發生核戰的眞正機率是多少，而針對此事我們最好接受類似麥納馬拉等官員的觀點，他似乎認爲實質上機率要比六分之一高。可是答案也取決於，我們如何評估沒有核武恫嚇的局面：蘇聯的勢力將會如何擴張？而你是否會像一句老口號所說的「寧死不紅」⑥。如果能知道在那段時期，其他領袖眞正認爲自己讓我們面對的風險是什麼，以及假設大多數公民的立場是非正式同意時，他們願意接受什麼樣的風險，這會是件有趣的事。我個人不會選擇冒這六分之一的風險，打賭能殺害數億人口、摧毀城市實體環境的災難不會發生，即使如此做的結果是蘇聯定然佔據西歐。而且，核武戰爭的破壞性後果當然會廣爲蔓延到這些以爲是在自衛、對抗眞正威脅的國家之外，其政府已暗中參與賭局：大多數的第三世界國家已飽受天災的威脅，卻會有更大的危險加諸其身。

科學激發的武器競賽

一群以芝加哥爲根據地的物理學家，在二戰末期創辦了《原子科學家學報》（*Bulletin of Atomic Scientists*）⑦，其中有許多人都在洛斯阿拉摩斯實驗室（Los Alamos Lab。譯按：二次大戰時發展並製造出最早三枚原子彈的地方）爲曼哈頓計畫（Manhattan Project）工作過，設計、製造出空襲廣島及長崎的原子彈[8]。現在這仍是一份活躍、具有影響力的期刊，焦點放在限武及核武政策上。每一期封面上的「招牌圖案」是一個鐘，指針距離午夜時刻的遠近能指出世界局勢的危險程度——或者可以說，是《學報》編輯委員會所認爲的危險性。每隔幾年（有時更爲頻繁）分針會往前或往後移動。從一九四七年至今，這些調整緊依著國際關係中相繼出現的危機：現在要比整個一九七〇年代更接近午夜。

事實上，這個鐘所指出的最危險時期是一九五〇年代：整個五〇年代，指針距離午夜只有兩、三分鐘。回顧過往，這似乎是正確的判斷。這十年中，美國及蘇聯都有了氫彈，以及大量的原子（核分裂）彈[9]。一九五〇年代歐洲能躲過核武浩劫眞是幸運。所謂的戰場核武（battle-field nukes，其中一種稱爲「大衛·克洛克特」[10]）由營級單位持有；當時的防護措施不似日後的精密，因此有出於判斷錯誤或粗心忽略而觸發核武戰爭的現實危險；一旦引發，可能升高到無法控制的地步。當轟炸機有了速度更快的彈道飛彈相輔之後，毀滅世界的引線似乎又更短了。彈道飛彈在半小時之內就可以越過大西洋，讓對方只有幾分鐘的時間去做決定命運的抉擇，是否要在自己的武器被摧毀之前做大規模的反擊。

在古巴飛彈危機之後，政治議程將核武危機的處理升級：國際社會有更強的動力推動一九六三年簽訂的限武條約，以禁止在大氣中試爆核彈爲開端。可是發明更「先進」武器的競賽卻未稍減緩。麥納馬拉提到，「武器競賽中的每一項科技創新幾乎都來自美國。但對手總是很快就趕上。」⑪一九六〇年代後期的主要發展正是這個徵候的例子。當時工程師發明能在一枚彈道飛彈上攜帶多枚彈頭，並分別瞄準不同的目標。這所謂的MIRV化（Multiple Independently targeted Reentry Vehicle，多重獨立目標回返大氣層載體）是美國科技專家想像出來的東西，然後由美、蘇雙方的科技專家付諸實現。MIRV及其他創新的最終結果，是使得雙方更不安全。針對對方的作爲，兩造都做「最壞的打算」，高估威脅，過度反應。

另一項創新——用反飛彈飛彈（antimissile missile）來保護城市及戰略要衝不受入侵的彈頭攻擊——受超級強權協議的反彈道飛彈（Antiballistic Missile, ABM）條約所箝制。科學家協助媒合此一協議，他們在幕後主張，任何的防禦舉動都會造成「恐怖平衡」失去穩定，並引起相對抗的措施，使條約失效。

一九八〇年代初，《學報》的時鐘又再次接近午夜。那時英國及德國引進新的中程核子武器，據稱可以讓西方恫嚇蘇聯勿攻擊西歐的反擊措施更加可靠。主要的議題仍舊在於如何降低一直存在的風險，不使之朝核戰浩劫升高，無論核戰是來自機械失靈、誤判，或者規劃的戰略。在一年之內風險可能不大，可是如果情況不改變，機率將會倍增。

一九八〇年代的核武庫存相當於每個俄國人、歐洲人及美國人各有十噸的黃色炸藥。卡爾・沙根（譯按：Carl Sagan，一九三四—一九六年，美國著名的天文科學家）及其他的人開啓了一場論戰——是否一場全面性的核武戰爭將會引發「核子冬天」（nuclear winter）：全球的陽光都被遮蔽，其結果將包括大規模的物種滅絕，類似遭巨大的小行星撞擊所引發的效應[12][13]。最佳的結局臆測是，即便會導致地球長陷黑夜的數十億噸核武爆炸了，會是何等景象與規模仍無法確定（特別是廢礫會上升到同溫層的哪個高度，以及會停留多久）。可是「核子冬天」的劇本卻提出令人不安的前景——核戰的主要受害者會是南亞、非洲及拉丁美洲的人口，而這些地區大多不是冷戰的參與者。

這也是「主動戰略防禦」（Strategic Defense Initiative）的時代——「星際大戰」（Star

Wars）——後來導致再次爭論反彈道飛彈條約的問題⑭。從科技面來說，似乎不可能造出一面具備充分防禦功效的「盾」，足以達到雷根總統所宣示的目標：使得核武「無用及過時」，反擊總是不如攻擊。現在這項條約又受到美國的威脅，因爲它阻礙了研發對抗「流氓國家」發射之飛彈的反飛彈防禦系統。反對這種防禦系統的主要原因是，即使耗費鉅資及無數心血之後眞能奏效，還是不能抵擋來自「流氓國家」最基本的核武威脅，即以低科技需求的船隻或卡車來運送核彈。毀棄ABM條約令人遺憾，因爲此舉開啓了太空「武器化」之路⑮。反人造衛星的武器完全可行，要發展也頗爲容易。和截擊一枚入侵的飛彈相比，要讓一個物體在可預測的軌道上長期運行有如「探囊取物」：通訊、導航及偵察用的人造衛星很容易摧毀。另一個風險是，「流氓國家」可能會以軌道垃圾污染太空，致使以人造衛星爲運作基礎的反飛彈防禦系統失效：軌道垃圾是能阻礙以低軌道的人造衛星利用太空的詭計。

擔任英國政府科學顧問多年的索利・祖克曼（Solly Zuckerman），（在退休後）他在譴責一連串危險荒謬的事件使得美國和蘇聯儲備了具有「過度殺傷力」（overkill）的核武時，和麥納馬拉一樣辯才無礙。「整個過程的不理性，其基本原因在於以下的事實：首先，發展新武器系統的念頭不是來自軍方，而是來自不同的科學家及科技專家團體……。科技專家形塑出令人不安的未來，並不是因爲他們關心世界將演變成什麼樣的景象，而是因爲他們只是在做自認的分內職責……。基本上，武器競賽的動力無疑是由政府實驗室及軍備產業中的技術人員所點燃。」[16]

武器實驗室中能力比一般人來得高，或能展現創意的工作者，將其智力涓滴注入這股險惡的趨勢。祖克曼的觀點是，這些武器科學家「變成了我們這個時代的煉金術士，以不得洩露的祕密方式工作，施用符咒把我們團團包圍。他們可能從未參與任何戰役，沒有遭受過戰爭的蹂躪；可是他們知道如何發明毀滅的工具。」

祖克曼是在一九八〇年代寫下這些話。要不是局勢已完全改觀，現在更進一步的創新已經讓核武競賽再往上提升了好幾級。冷戰結束後，大規模以核武相互攻擊的威脅不再迫在眉睫（雖然美國及俄國仍然部署了數千枚飛彈）。一九九〇年代初，《學報》的鐘撥回到離午夜十七分鐘。可是此後又慢慢向前移動：二〇〇二年，差七分鐘到午夜。我們面臨核武擴散（例如印度及巴基斯坦），而新的風險及難以逆料的事物讓人無所適從。這些事情也許不是突發的全球性浩劫的徵兆——世界末日鐘不是太好的隱喻——可是整體而言，它們令人煩惱且具挑撥性。布里茲涅夫（Leonid Brezhnev）「停滯不前的年代」（era of stagnation）的政局及超級強權之間的敵對，其僵化和相對可預測的屬性，幾乎夠得上是令人舒適的感受了——至少從回顧的觀點來看是如此。

整個一九九〇年代，龐大的核武庫存始終居高不下，而實際上現在仍是如此。裁減核武部署的限武協議很受歡迎，可是它們造成的兩、三萬枚核彈及飛彈處理問題仍然懸而未決。條約要求拆解大多數的彈頭。有個立即可行的方式是，把它們設定在低就緒度與低戰備狀態；瞄準目標的程式可以取消；彈頭可以從飛彈上移除，分開貯存。這顯然能讓每件危機的爆發都有更長的引線，並進入需要較少人力及專業知識來維護武器安全性的狀態。可是最終要除去這些武器，並安全地處理當中的鈾和鈽，需要的時間長得多，也是對科技的一大挑戰。把高純度的鈾二三五和鈾二三八混合，能使前者的危險性降低，但仍舊可用於和平用途的核子反應器中。一九九三年，美國同意在爲期二十年的時間裡，向俄國購買至多五百噸經稀釋的武器用鈾。處理鈽則不是這麼簡單。俄國人不太願意把這些得之不易的鈽視爲「廢料」；然而，目前既有的核能發電廠並不使用這種可以直接燃燒鈽的「增殖」（breeder）反應器[18]。最佳的選擇是掩埋，或者混入放射性廢料，也可以在核子反應器中部分燃燒，使之無法用於製造武器。按照理察・蓋爾文（Richard Garwin）及喬治・查柏克（Georges Charpak）的說法，「俄國過剩的原料總量，可以造出約一萬件的鈽核武以及六萬枚的內爆型（implosion）核彈。要確保這些原料的安全，眞是一件令人卻步的苦差事。」⑲

在處理好這些原料之前，一定要維護前蘇聯核武的安全性與庫存量的淸楚可靠：否則被移作他用的核武可能遠比「次級」核武強權所有的庫存還多。確實，有一件眞正令人不安的事——雖然還沒有確切的證據——在一九九〇年代初的轉型動盪中，恐怖份子或叛亂組織可能已經盜取這類的武器了。

要造出攜帶緊緻彈頭的長程飛彈，仍然遠非異議團體擁有的資源所能及。但甚至連這麼低的可能性，也不復令有心人知難而退，而我們更不能置之不理。例如，現在每個人都可以取得來自GPS衛星的訊號，市場上有售的套裝產品可以教你製造巡弋飛彈。而貼地飛行的飛彈要比彈道飛彈更難追蹤與攔截。科技需求低得多的方法也能躲過反彈道飛彈防禦系統，包括用卡車或船隻做爲載體的核武爆炸，以及用偷來的濃縮鈾在城市的公寓中組裝出粗製的爆裂物。和以飛彈發射的核武不同的是，這不會留下來源的線索。

反武器擴散

一方面，至少核武的情況還可以更糟。核武強權的數目已經增加，可是不如許多專家所預料的那麼快。如果把尚未公開已加入核武製造行列的國家也算進去，例如以色列，也許有十個國家之多；可是至少有二十個國家，只要願意就能跨越所需的技術門檻，可是他們卻遠離核武國家的角色：例如，日本、德國及巴西。南非曾研發出六枚核子武器，可是現在已經拆解了。

防止核子武器擴散條約（Nonproliferation Treaty, NPT）於一九六七年開始生效，當時只認定五個已經擁有核子武器的強國具有這項特殊地位：美國、英國、法國、俄國及中國。爲使這種「歧視」較能爲其他國家所接受，條約宣稱這些核武強權應當「誠心致力於有關停止軍備競賽的斡旋……以及永遠停止所有核子武器的試爆。」

如果這五個國家能按照他們在協議中的立場，大幅縮減本身的武器庫存，也許NPT不會遭遇這麼大的阻力。按照目前的條約，十年後美國的武器部署才會減到兩千顆彈頭；再者，這些除役的彈頭不是以逆反應摧毀，而僅僅是貯藏起來。對於能遏阻更精密武器之發展的全面禁止試爆，這些核武強權也是拖拖拉拉。美國拒絕在條約上簽字，聲稱在檢視既有的庫存武器是否「可靠」(也就是說，要它們爆炸就能爆炸)時，偶爾需要試爆。舉例來說，單獨測試零件或以電腦模擬代替試爆要到什麼程度，其可靠度才能令人放心，各方對此爭論不休。除非是計畫先出擊的侵略者，否則這項可靠度的保證有多重要，在任何情形下都不明確：即使一枚核彈的彈頭只有百分之五十的機率會爆炸，它還是一項嚇阻的利器。也有人聲稱，需要這類的試爆以確保這些武器是「安全」的——如果發生處理不慎的意外，它們不會爆炸或釋出有害的放射線。另一項反對全面禁試的論點是，不能充分證實各國遵守規定。雖然規模數千噸的地下試爆有明明白白的地震震波顯示，但一千噸以下的試爆可能被數量龐大的小地震所淹沒，如果是在大型洞穴中試爆，也可以消音。有人爭論，需要多少的地震探測所才足夠用來驗證有無試爆；而地震震波的證據如何以情報或人造衛星的偵察來補強。美國國家科學院的報告主張，不可能有完全偵測不到的試爆，也不需要以試爆來維護既有的庫存，只有發展新的「先進」武器才需要試爆[20]。

全面禁止試爆的禁令本身，並不能阻止核武擴散，因爲不必試爆就可以造出可靠的裂變式原子彈。可是禁令能抑制現有的核武強權（特別是美國）發展新型的核彈，因而促進支持防止核武擴散條約的風氣；這條約要求所有的核武強權減少武器存量。要反制核武擴散，更爲重要的是擴大國際原子能總署（International Atomic Energy Agency）追蹤未經加工之原料，以及執行現場檢查的角色。當然，這就是引發伊拉克危機的議題。

可是最重要的決定因素是，各國有無加入核武俱樂部的動機。現有核武強權國家若能淡化核武在其國防上扮演的角色，便能有所助益。就這點來看，最近美國甚至英國宣稱可能動用低產（額）（low-yield）核武來攻擊地下藏匿所，實在是倒退了一大步。這類聲明讓核武的門檻變得模糊不清，使用核武不再那麼難以想像；增強其他國家想自行擁有核彈的動機。這動機本來就已經逐日增強，因爲似乎沒有辦法阻止或者反擊美國令人厭惡的壓力；美國在傳統的「智慧」（smart）武器上具有壓倒性的優勢，使得這個超級強權可以將其意願強加於其他國家身上，同時把自己的人命折損減到最低。

憂心的科學家

芝加哥的原子科學家並非唯一嘗試從政府之外來影響二戰之後有關核武威脅之政治

辯論的一群人。另一群人籌組了一系列的會議，以加拿大新斯科細亞省（Nova Scotia）的村莊普格瓦什（Pugwash）爲名㉑。第一次的會議就是在普格瓦什舉行，由當地出生的加拿大巨富賽魯斯・依頓（Cyrus Eaton）贊助。早期的普格瓦什會議有來自蘇聯、也有來自西方的與會者，一般而言都是二次大戰期間的活躍份子；他們曾參與原子彈或雷達的研發計畫，自那時起持續關注後續發展，而且消息靈通。特別是在一九六〇及七〇年代之中，普格瓦什會議爲罕有正式接觸管道的美蘇雙方提供了寶貴的非正式接觸途徑。

這個世代有幾位傑出人士仍然在世，其中最年長的是一九〇六年出生於亞爾薩斯—洛林（Alsace-Lorraine）斯特拉斯堡（Strasbourg）㉒的漢斯・貝特（Hans Bethe）。一九三〇年代時，他已經是著名的核子物理學家。從德國移居美國後，任職於學術界，二次大戰期間成爲洛斯阿拉摩斯實驗室理論部門的領導人。戰後回到康乃爾大學，在康大，甚至進入新世紀後他還是一直積極鼓吹限武，同時從事研究（最近他的主要興趣在於爆炸的星球及超新星）。現存的物理學家中，貝特必屬最受普世敬重者之列。他之所以獲得喝采，不僅在於科學上的成就，也因爲他對於科學意蘊實質的關切與參與。在物理學家中他也許是獨一無二的，因爲他在超過七十五年的時間裡不斷發表極佳的論文。一九九九年，他對於軍事研究的態度更趨強硬，力促科學家們「停止並決意不再從事創造、發展、改進或者製造核子武器及其他有大規模毀滅能力的武器」，其抱持立場是這些行爲促進了武器競賽㉓。

另一位我有幸結識的洛斯阿拉摩斯資深科學家，就是約瑟夫・洛特布萊特（Joseph Rotblat）。他比貝特年輕兩歲，童年時期在波蘭經歷一次大戰的艱苦，並在祖國展開科學研究的生涯。一九三九年他以難民身分來到英國，與著名的核子物理學家詹姆斯・查兌克（James Chadwick）在利物浦共事，他的妻子沒能和他團圓，而是死在集中營裡。英國派遣一小組人參與曼哈頓計畫㉔，洛特布萊特是其中一員。可是當德國顯然即將戰敗之時，他提前離開這項計畫，因爲在他心中，原子彈計畫的正當性是爲了抗衡希特勒手中也可能握有的核武。事實上，他記得是聽到該計畫的領導人格羅夫斯（Leslie Groves）將軍所說的話，使得他不再心存幻想：早在一九四四年三月，格羅夫斯就說，原子彈的主要目的乃是「壓制俄國人。」

洛特布萊特回到英國去，成了醫學物理的教授，從事曝露於放射線中對人有何影響的先驅研究。一九五五年，他鼓勵羅素㉕準備一份宣言，強調降低核武危機的迫切性。

愛因斯坦生前最後所做的事情之一，就是同意連署羅素的宣言㉖。宣言的執筆人聲稱，「我們利用這個機會發言，身分不是哪個國家的國民、哪一洲的人，或是哪個教條的信徒，而是人類，身為人這個物種的一員，但這物種能否存續已無法確定。」這份宣言極具說服力，導致一九五七年普格瓦什會議的發起；自此之後，洛特布萊特一直是該會議的「發動者」㉗及不懈的激勵者。一九九五年的諾貝爾和平獎表彰了這些會議的成就，恰如其分地由普格瓦什會議組織與洛特布萊特本人均分、共享獎項。現年九十四歲（二〇〇三年）的洛特布萊特，精力充沛宛如只有一半的歲數，至今仍然努力不懈，鼓吹讓世界完全擺脫核武的運動。他的目標經常被譏嘲為不切實際，只有偏激的團體以及思慮不周、糊里糊塗的理想主義者會支持。洛特布萊特仍然是理想派，可是他對於希望達到與預期可及之間的落差，並未心存幻想，而其理想所獲得的支持，正逐漸擴大。

「永久保有核武而絕不動用——無論是意外或下決定使用——的提議，絕對不可信。」如此堅決的聲明出自一九九七年一個國際團體的報告；該團體乃由澳洲政府召集，以坎培拉委員會（Canberra Commission）之名廣為人知。委員會的成員不僅包括洛特布萊特，還有前法國總理米歇・洛卡（Michel Rocard），麥納馬拉，以及退役的陸、空軍將領等等

㉘。委員會特別指出，核武唯一的軍事用途乃在嚇阻他國不得使用核武，因此他們提出循序漸進的推動計畫，以不影響政局安定的方式，朝沒有核武的世界邁進。

回首從前，那些離開寧靜的學院試驗室，加入曼哈頓計畫的人士，似乎屬於物理學家的「黃金世代」：在建立現代對原子及原子核的觀點上，當中許多人都至關重要。他們謹記在心，命運已將他們擲入劃時代的事件中。其中大多數人都回到大學從事學術工作，可是終生維持對核子武器的關切。他們在核武發展上的事蹟都是赫赫有名，但取徑大不相同，這可以對比兩位卓越人士的戰後事業生涯做爲範例：羅伯・奧本海默（J. Robert Oppenheimer）與愛德華・泰勒（Edward Teller）㉙㉚。（與這兩位美國人相對應，最著名的蘇聯科學家是安得列・沙卡洛夫〔Andrei Sakharov〕，他屬於年輕一點的世代，在戰後參與了氫彈的研發。）

對所有在具有重大社會影響力的科學學門中從事研究的人來說，芝加哥的原子科學家與普格瓦什運動的先驅者立下了一個可佩的典範。他們不會說他們「只是科學家」，而如何運用其研究成果由政治人物決定。他們採行的路線是科學家有義務提醒大衆，留心他們的研究成果有何意蘊，對於他們的想法如何被應用，也應當保持關心。我們覺得，那些對兒女成年後的遭遇漠不關心的父母（即使一般說來都管不了），似乎欠缺了什麼。同樣地，科學家也不能對他們研究的成果漠不關心：他們應當歡迎（實際上應當嘗試著去培育）有益的研究副產品，可是要盡其所能抗拒危險的或有威脅性的應用方式。

本世紀的困境及威脅將來自生物學、電腦科學，同時還有物理學：在這些領域中，社會亟需繼起的貝特及洛特布萊特。大學中的科學家及獨立的企業家都有一項特別的義務，因爲比起公職人員及承受商業壓力的企業雇員，他們有更大的自由。

4 生物性威脅——恐怖主義與實驗室錯誤

在二十年內，生物恐怖行動和生物學上的失誤將使一百萬人喪命。對往後數十年而言，這預示了什麼？

我在二〇〇二年的十二月完成本章，當時發生在美國的九一一攻擊行動剛滿週年。人們仍舊害怕會有更多的暴行，在我們的集體記憶中烙下其他悲慘的日子。一連串的自殺炸彈讓以色列驚恐不已，這些人肉炸彈都是聰慧年輕的巴勒斯坦人（男女皆有），懷抱著扭曲的理想主義。在二十世紀末，具有理性政治目標的組織性恐怖團體（例如在愛爾蘭活動的組織）自我設限，不從事最惡劣的恐怖行動，因爲即使以他們扭曲的觀點來看，也覺得一旦越過某條界線，對其目標將會招致反效果。讓飛機撞進世貿中心及五角大廈的蓋達恐怖份子則不受此限。如果這類團體能得到一枚核彈，他們絕對樂意在市中心引爆，讓數萬人和他們同歸於盡，而世界上會有幾百萬人盛讚他們是英雄，爲之喝采。如果一個自殺式的狂熱份子故意染上天花，因而引發傳染病，其後果將是更大的浩劫；未來可能會出現更致命的病毒（而且沒有解毒劑）。

愛因斯坦—羅素宣言對此有以下數言，這是一九五〇年代見聞廣博的科學家們對於核武威脅的關切：「沒有人會說，一定會出現最壞的結果。他們說的是可能出現這些結果，也沒有人能確定會不會成眞。我們尚未發現，專家們對於這些問題的觀點有任何程度取決於他們的政治立場或偏見。就我們的研究所顯示，這些觀點只取決於特定專家的知識。我們發現，了解最深的人（專家）最悲觀。」

同樣的話也可以針對現在隱隱作祟、程度相同的其他危機。二十一世紀的科技使我們面對更廣泛多元的致死機會，而它們在冷戰期間尚未浮上檯面。再者，有可能爲非作歹的人也愈來愈多樣化，且更難以捉摸。主要的新威脅是「不對稱的」：不是來自民族國家，而來自次國家的團體，甚至來自個人。

即使所有國家都嚴格規範核武原料及危險病毒的處理，全球有效落實的機率不會比目前禁藥法律的執法成效更高。任何觸法行爲都可能引發全球性的大災難，而且這類風險永遠無法盡除。但更糟的是，這些風險似乎變得益發難以駕馭及更具威脅性。每個國家永遠都會有心懷不滿的孤僻人士，而他們能使用的「手段」越來越多。此外還有完全不同的威脅，例如在網路世界裡也有一場競賽。一方嘗試讓系統更堅實、更安全，而另一方面，意圖滲透及破壞這些系統的罪犯，其手法也日漸高明。

核武的超級恐怖行動

核武的「超級恐怖主義」是一項主要的風險。根據湯姆・克蘭西（Tom Clancy）的小說《恐懼的總和》（*The Sum of Our Fears*）改編的同名電影於二〇〇二年上映，片中描述一具遭竊的核武設備在爆滿的體育場釀成滔天慘劇①。每公斤核能的效率是化學炸藥的一百萬倍。奧克拉荷馬市爆炸案殺害了一百六十人——這是二〇〇一年九月十一日之前，美國本土發生過傷亡最慘重的攻擊行動——使用的炸彈相當於三噸的黃色炸藥。前蘇聯及美國庫存的核武也可以讓全球每個人分配到相等的爆炸威力，因此，即使只是這些武器中極小的一部分——甚至只要現有彈頭的萬分之一——用途偏離正軌，都很危險。

以鈽爲燃料的核彈需要精確的內爆組態才能引爆，這在技術上的要求很高，可能非恐怖組織能力所及。但可以把鈽塗在傳統的炸彈外面，使之成爲「污彈」（dirty bomb，一譯「放射性炸彈」）②。這種武器的立即殺傷力不會比大型的傳統炸彈強大，可是會有大規模而長期的破壞效果，因爲它以危險量級的放射線污染大面積的區域。恐怖份子引起的更大風險來自濃縮鈾（經分離的鈾二三五），因爲用這種燃料要造成眞正的核爆容易多了③。諾貝爾物理學獎得主路易斯・阿佛雷茲（Luis Alvarez）聲稱：「利用現代武器級的鈾……恐怖份子只需要讓一半的鈾掉在另一半上頭，就有很高的機率引發高額的爆炸。大多數的人似乎都不知道，如果有分離過的鈾二三五在手，要造成核爆其實是易如反掌，反之，如果只能取得鈽，要使它爆炸是我所知最困難的技術。」④⑤阿佛雷茲言過其實，他低估了製造鈾彈的難度。然而，把在臨界質量之下（subcritical mass）的鈾裝入砲彈或子彈中，用大砲或迫擊砲轟入也在臨界質量之下、塑成環狀或中空圓柱形的鈾，便能引發爆炸。

用兩團葡萄柚大小的濃縮鈾在紐約的世貿中心引發核爆，將會把南曼哈頓三平方英哩之內的一切摧毀殆盡，包括整條華爾街。如果在上班時間爆炸，可以讓數十萬人喪命。如果這樣的攻擊發生在其他城市，也會產生類似的破壞效果。而傳統的炸藥也可以引發幾近同樣規模的殺傷力，例如爆炸後連帶引爆大型的儲油槽或儲氣槽⑥。（的確，一九九三年的世貿中心爆炸案也能有和九一一相同的破壞力，如果炸的是地基的一角，致使其中一塔倒塌，撞向另一塔。）

「我們已經屠龍⑦，可是現在活在充滿毒蛇的叢林中。」一九九〇年，前美國情報局長詹姆士·伍爾西（James Wolsey）如是說⑧。他指的是蘇聯垮台及冷戰結束之後的動盪不安。十年之後，拿他的隱喻來形容那些威脅我們卻又難以捉摸的組織，更顯貼切。這些短期的風險凸顯出，防護前蘇聯共和國儲存的鈽及濃縮鈾有多麼迫切。有可能已經太遲了。一九九〇年代初政局不安之際，管理很馬虎：車臣的叛亂份子或其它次國家團體可能早已盜取了一些武器。

美國原本提議以三十億美元協助俄國及其他前蘇聯成員國將武器除役、防止技術專家「叛逃」，以及處理鈽——這些工作確實理當比「全國飛彈防禦系統」更爲優先——但美國在二〇〇一年裁減此項經費。然而，有一項正面的發展是「核子威脅主動計畫」（Nuclear Threat Initiative），該計畫由前參議員山姆·南恩（Sam Nunn）主持，美國有線電視新聞網（CNN）創辦人泰德·透納（Ted Turner）資助。CNN運用本身的資源及政治影響力，鼓吹降低核武威脅的措施。

恐怖主義是一項影響我們對民用核能電廠所抱持態度的新風險——原本就有一些傳統的負面條件：高資金成本、除役的問題，以及遺留給後代的有毒廢料，如今更是雪上加霜。發電廠非但藏有高放射性的「核心」（core），還有更難防護、已耗盡能量的燃料棒。甚至只要把後者點火燃燒，便可能釋放出較車諾比（Chernobyl）核電廠事件多上十倍的鍶一三七（半衰期爲三十年）。

核子反應器設計者的目標，是把最重大事故的發生機率減低到每一百萬「反應器年」一次以下。要做這類的計算，所有的不幸事故加上次系統的失靈全要涵納進來。大型航空器撞上圍阻槽（containment vessel）的可能性也得列入考慮⑨。飛安事故的紀錄（以及對未來的推測）告訴我們，有多少航空器可能從天上掉下來。整個歐洲及北美，每年只有區區幾架。其中之一命中某棟特定建築的機率，是低到可以讓人安心的每一百萬年不到一次。可是我們已知道，這不是正確的計算，因爲忽略了現在我們如夢魘般熟悉的可能性：神風式的恐怖份子可以把一架加滿燃油的噴射機，或者裝載炸藥的小飛機，瞄準這類的目標。即使動用最精明的技術人員或工程師，也無法估算出發生這類事件的機會：

這屬於政治或社會學的判斷。但如果認爲機率是每一百年不到一次，這人必定是天眞的樂觀主義者。如果在規劃發電廠的建造時，把這麼高的估計值列入風險評估之中，那麼目前的設計一定不會被批准。所有的新設計可能都得把核能電廠建在地底下，以符合安全標準。

無論如何，如果現有的核電廠壽終正寢後不再興建新電廠，核能發電的角色在接下來二十年中將會遞減。如果核能對降低溫室效應的全球性目標能有所貢獻，那麼就需要幾千座的新核能電廠。除了破壞行動及恐怖份子的威脅，如果管理鬆散，發生意外的風險也會升高。某些第三世界的航空公司飛安紀錄極差，這只會危及乘客的安全；然而，管理不善的核子反應器所產生的威脅，可不理會國界的限制。

可以克服現有設計遭遇之安全及退休問題的新型裂變核子反應器，如能廣泛使用，核能的未來便會更加光明。另一項長期的展望是核融合：使太陽持續發光及賦予氫彈能量的過程，可是能加以控制。長久以來，核融合一直被譽爲取之不竭、用之不盡的能源。可是這個目標已愈行愈遠：在了解眞正的困難所在之前，一九五〇年代曾一度誤以爲黎明來臨，之後核融合始終看似還有三十年之遙⑩。

無論是裂變或融合，核能的主要優勢是可以同時解決兩個問題：有限的石油礦藏及全球暖化。但是基於環保及安全的考量，更好的選擇是可再生的能源。可再生能源對全球能源需求的供應占比無疑會逐漸增加，但除非有某些技術上的突破，將無法滿足所有的需求。單靠風輪機（wind turbine）還不夠，而目前把太陽能轉爲電能過於昂貴且欠缺效率。但如果能在面積廣闊而不具生產效益的土地上鋪滿便宜、有效的光電材料，藉以直接利用日光，那麼所謂的「氫經濟」（hydrogen economy）就變得可行：太陽能產生的電可以從水中分解出氫氣；這些氫氣則可用於取代內燃機的燃料電池。

生物威脅

比核子威脅更令人不安的，是來自微生物學及遺傳學的潛在危機。數十年來，好幾個國家都有大型且多半祕密進行的計畫，爲的就是研發化學武器及生物武器。設計、散播致命病原體的專業知識持續增進，而且不止美國及英國如此做；英美同時不斷研究，以改良反制生物攻擊的對策。國際社會懷疑伊拉克正在進行一項攻擊計畫；此外還有其他國家（例如南非）曾經有過這類的計畫。

回首一九七〇及八〇年代，蘇聯曾發動有史以來最大規模的科學知識動員，藉以發展生化武器。康納詹・雅里貝可夫（Kanatjan Alibekov）有一段時間是蘇聯「生物備戰研究所」（Biopreparat）計畫中第二把交椅的科學家；他於一九九二年向美國投誠，將名字改爲西方式的肯・雅里貝克（Ken Alibek）。按照他在著作《生物危機》（*Biohazard*）中所述，他手下曾有三萬餘名工作人員[11]。他描述如何努力改變生物組織，使之毒性更強，也更能抵抗疫苗。一九九二年，葉爾欽承認了某件西方觀察家懷疑已久的事：一九七九年發生在斯弗羅夫斯克（Sverdlovsk）至少六十六起的神祕死亡案例，是生物備戰研究外洩的炭疽孢子造成的。

和查驗一個國家是否遵守生化武器條約的艱難任務相比，偵測是否違法製造核武的問題實在不算什麼。甚至和監控次國家團體及個人的難題相比，也算是容易。長久以來，生化武器被視爲窮國的核武。可是現在要發動災難性的攻擊，已不必然需要以國家，甚或大型組織爲單位：個別的平民便能取得所需的資源。要製造致命的化學物質或毒素，不需要太多的設備，甚至實質上和醫學或農業計畫所需要的器材一樣：這些技術及專業知識可以「兩用」。這是和核武計畫另一個截然不同之處：製造高效能核分裂武器必備的鈾濃縮程序，需要精密且沒有其它合法用途的設備。佛列得・伊克爾（Fred Ikle）說，「用來製造超級生物武器的知識及技術可以傳佈到醫院的實驗室、農業研究機構，以及和平用途的工廠中。只有暴虐的警察國家才能保證政府完全掌控這類大規模毀滅性的新工具。」⑫

或許有一天，會有數千、甚至數百萬人有能力散播足以導致傳染病大規模蔓延（甚至廣及全球）的「武器」。一些尋死教派的追隨者，或甚至心懷怨恨的個人，都可能發動攻擊。確實，已發生過小規模的生物攻擊，但幸運的是運用的技術太粗糙，或者操作不當，因此造成的損害甚至不及傳統的爆裂物。一九八四年，一些拉吉尼西（Rajneeshee，他身穿黃袍，擁有五十輛勞斯萊斯）教派的信徒以沙門氏桿菌⑬污染美國俄勒岡州瓦斯科（Wasco）郡幾處沙拉吧，有七百五十人感染胃腸炎。這次攻擊的動機顯然是要讓民衆在地方選舉中無法出門投票，從而影響申請成立教派公社的結果。可是，一年後才推斷出這場傳染病的起因，凸顯了追蹤生物攻擊犯罪者的問題。一九九〇年代初，日本奧姆眞理教發展出不同的藥劑，包括肉毒桿菌毒素、Q熱及炭疽⑭。他們在東京地鐵裡施放沙林（sarin）神經毒氣，導致十二人死亡；如果他們能更成功地把沙林毒氣釋放到空氣中，攻擊的破壞力還會更大。

二〇〇一年九月，美國有兩位參議員及幾家媒體機構收到信封上帶有炭疽孢子的郵件。五個人死亡——這是一場悲劇，但傷亡規模還比不上每天發生在路上的車禍。然而——這是非常重要的凶兆——媒體一致的報導，造成彌漫全美的「恐懼因子」。當全國都陷入恐慌，擔心會發生殺死數千人的恐怖行動，很容易想像將有多麼嚴重的後果。如果未來使用能抵禦抗生素的變型細菌進行攻擊，當然，如果能確實散佈到各處，則其實際衝擊將會更大。這種威脅導致了生物「武器競賽」：努力發展以特定細菌爲目標的藥物與病毒，以及偵測極低濃度病原體的感應器。

生物攻擊能做到什麼？

爲了衡量生物攻擊可能引起的衝擊，以及緊急措施如何應變，各界已做過許多研究與演練。世界衛生組織於一九七〇年時估計，如果在一座城市的上風處以飛機施放五十公斤的炭疽孢子，可以造成近十萬人死亡。晚近的一九九九年，傑森小組（Jason Group）研究過幾種可能的情節：傑森小組的成員是一群地位崇隆的科學家，經常擔任美國國防部的顧問。這個小組思索過，如果在紐約的地鐵裡釋放炭疽孢子會有什麼後果。孢子可能透過乘客及地鐵隧道系統散佈出去，如果是暗中施放病菌，當出現症狀的受害者在幾天後去看醫生時，第一個攻擊的跡象才會出現（屆時受害者已經遍佈全美）⑮。

傑森小組也研究過一種化學毒劑——蓖麻毒蛋白⑯的影響，這種藥劑會攻擊細胞內的核醣體（ribosome），並妨礙蛋白質的化學作用，只要十微克（十萬分之一公克）的劑量就能致命。然而，東京地鐵的沙林襲擊事件並未造成數千人死亡的事實顯示，散佈這種毒劑的技術難度並非微不足道。在一九五〇及六〇年代，美國及英國在倫敦的地底下、紐約的地鐵及舊金山做過（無毒）煙塵（aerosol）的施放實驗，其細節已經公開。

要在空氣中有效、快速地散佈，是所有化學藥劑共通的問題，無傳染性的生物藥劑（如炭疽孢子）亦然。原則上只要幾公克藥劑就能殺死數百萬人——這句話可能是正確的，但也很容易令人產生錯誤的認知（就好像說一個人可以成爲一億個孩子的父親一樣會誤導聽者；就算有足夠的精蟲，可是要傳佈及運送才是眞正的難題）。

相對於炭疽，具有傳染性的疾病最初的傳播比較不重要（炭疽無法從一個人身上傳給另一個人），即使是局部性的施放，特別是在移動的人群中，也可以引發四下蔓延的傳染病疫情。所有已知的病毒中，最令人恐懼的可能是天花。由世界衛生組織領銜，透過全球齊心協力，已經在一九七〇年代讓天花絕跡。但這種病毒並非完全滅絕，在兩個地方仍有貯存：美國亞特蘭大的「疾病控制中心」(Center for Disease Control) 及莫斯科名字帶有不祥意味的「病媒實驗室」(Vector Laboratory)。合理化保存這些病毒的理由是可以用來研發疫苗。可是，越來越多人擔心其他國家可能暗藏這種病毒，因而引發對於以天花進行生物恐怖行動的恐懼。

天花有很高的接觸傳染性（幾乎和痲疹一樣），染病者有三分之一會死亡。針對施放這種致死病毒會有甚麼後果的研究，有好幾份已經出版。即使能抑制住這種傳染病，讓感染人數僅限於數百人，對於一座大城市的破壞效應仍然很大。人們會搶購藥品，特別是疫苗稀少時更甚。但如果這種傳染病在國際間蔓延，眞正的死亡人數可達數百萬之多。

二〇〇一年七月，美國舉行過一場名爲「黑暗冬季」(Dark Winter) 的演習，模擬美國遭到天花攻勢偷襲時的反應及對策[17]。演習中由閱歷豐富的人物扮演要角：前美國參議員山姆・南恩扮演美國總統，奧克拉荷馬州州長扮演自己。演習假想摻入了天花病毒的煙塵雲霧同時在州內三個地方——購物中心——施放。最壞的場面是有三百萬人被感染（其中三分之一會死亡），最後藉由迅速的疫苗接種遏止住疫情的蔓延（疫苗甚至對感染四天之後的患者仍然有效）。但如果一開始的施放是在機場或一架飛機上，傳染的範圍可能遍及全球，而在不像美國一樣有充分疫苗可用的國家，傳染病將一發不可收拾——最糟的狀況也許是，疫情在第三世界摩肩擦踵、人口百萬以上的大城市爆發。潛伏期爲十二天，因此第一個病例出現時，最先感染的群眾已經遍佈全球，並造成第二波的感染，屆時要實施隔離措施已經太遲了。

英國國家廣播公司根據眞人眞事拍攝的戲劇「二〇〇二年的天花：靜默的武器」（Smallpox 2002: Silent weapon），描述紐約一名自殺式的狂熱份子讓許多人感染天花，多到足以引發全國性的大流行，最後奪走六千萬條人命。這個駭人的情節，根據的是以電腦模擬病毒如何蔓延的結果（或許並不可靠）。數學家在推算傳染病疫情如何發展時，計算中最重要的因子是：一個典型的感染者會再傳染給多少人，稱之爲「乘數」（multiplier）。在上述的模型中，呈現的數值爲十。可是有些專家主張，天花的傳染性沒那麼強，因爲典型的傳播方式需要數小時的近距離接觸，因此這些劇本誇大了感染者傳播天花的情況。然而，有些證據顯示（例如一九七〇年德國醫院中爆發的案例），天花病毒可以透過接觸及空氣來散播。有些專家指出，乘數爲十對醫院來說是恰當的，可是在社區裡只有五；其他的人則指出，眞正的乘數可能低到只有二。

要判斷以大規模疫苗接種或隔離措施來遏阻傳染病的難易度時，這類的不確定性至關重要。當然，如果在發現之前便已蔓延到開發中國家（一如BBC想像的情節），疫情會更難控制，因爲這些國家對這種緊急事件的反應較慢、效益不彰。而且可以確定的是，還有其他更容易傳播的病毒存在。二〇〇一年英國發生口蹄疫的大流行，儘管盡了最大努力想加以控制，仍舊導致農業蒙受全國性的重創。如果是惡意散播，這類傳染病的結果會更慘重。生物攻擊對人類及動物具有威脅性；但也能威脅農作物與生態系統。傑森小組另一個短期的劇本情節是，將一種俗稱「小麥銹病」（wheat rust）的天然眞菌引入美國中西部，試圖破壞農業生產；小麥銹病有時能毀掉加州十分之一的農作物收成。

所有的生物攻擊有一項共通特性：察覺時都已太遲，甚至當其效應已經遍及全球才被發現。組織戰中確實已禁止使用生物武器，這不僅是基於道德的考量，也因爲軍事指揮官無法控制生武的蔓延與發現時間的遲滯。可是對單獨行動的異議份子或恐怖份子來說，未能及時察覺卻是種吸引力，因爲攻擊行動的起源——在何時、何地施放病原體——

很容易掩飾。如果全國的醫藥資訊能快速分享並加以分析，讓有關單位更容易發覺出現某些特定症狀的病人驟增，或者近乎同時地出現某種罕見或異常的症候群，便有可能提升偵測出生物攻擊的速度。

任何攻擊都會引發嚴重的社會動亂及人心恐慌。二〇〇一年有關美國炭疽熱事件的危言聳聽便是一例，證明了即使是地區性的威脅也能影響全體美洲人的心理。媒體報導會誇大恐懼的心態，爲歇斯底里的情緒火上加油，因此即便各種預測均顯示天花的實際疫情並不嚴重，也一定能讓全球的日常生活秩序大亂⑱。

特製的病毒？

二〇〇〇年以前所有出現過的傳染病，都是由大自然產生的病原體所致（一九七九年俄國外洩的炭疽孢子可能是例外）。可是生物科技的進展已使得生物性威脅更加惡化。根據二〇〇二年六月美國國家科學院所發表的報告，「只需幾個具備專門技術，並有實驗室可用的人，便能以不多的花費，輕易製造出許多足以嚴重威脅美國民衆的致命生物武器。尤有甚者，用市面上買得到的器材——亦即用來製造化學藥品、藥物、食物或啤酒的器材——就能做成這類的生物毒劑，因此完全不會引人注意。人類和許多病原體的基因組排列順序解碼成功……讓科學可以被誤用來創造具有大規模毀滅性的新藥劑。」[19]

這份報告指出，「好」的一面是新科技也會導引出更快的方法，以確認病原體的施放並作出回應。但總的來說，報告傳達的訊息令人不安——體認到雖然現在的焦點是恐怖組織，但只要一個擁有技術的「孤僻怪客」就可以造成一場傳染病的大災難。世界各地都有具備操縱基因及培養微生物等專業技術的人。英國生技專家喬治・波斯特（George Poste）曾擔任英國政府的顧問，目前在美國工作，他猜想：「有件事回想來很有趣，現在『生物科技一〇一』[20]的課程在全世界的大學中越來越普遍，如果〔大學炸彈客〕曾在一九九〇年代受過訓練[21]，他會選擇炸彈，還是另有選擇，丟些東西到漢堡工廠裡頭？」[22]（二〇〇二年，美國批准大幅增加防禦生物武器的經費。但有個我們不願見到的副作用是，這類的專業知識會流傳得更廣。）

美國紐約州立大學的愛卡特・威默（Eckard Wimmer）及其同僚在二〇〇二年七月宣佈，他們利用可從網際網路下載的DNA及基因藍圖，合成了小兒麻痺病毒[23]。這種人工製成的病毒危險性很小，因爲大多數人對小兒麻痺症都有免疫力。可是要製造出具傳染性且更爲致命的變種病毒，難度並沒有比較高。這些年來專家們已經知道，威默所做的病毒合成是行得通的；有些人批評他，做這種不必要的實驗不過是噱頭。可是對威默來說，可以如此輕易地造出病毒乃是一項「駭人的現實」。技術上來說，要製造出基因組比小兒痲痺病毒更大的病毒（例如天花）難度較高；再者，除非加入來自另一種天花病毒的複製酵素（replication enzyme），天花病毒無法繁殖。然而，還是可以製造出某些小一點但同樣致命的病毒，例如愛滋及伊波拉病毒㉔；即使到了今天，還是可以照威默的方法，利用一個個的基因組成染色體，藉此製造出病毒。

幾年之內，數目龐大的病毒、動物和植物的基因藍圖都會在實驗室的資料庫中建檔，讓其他科學家透過網際網路存取。例如，伊波拉病毒的藍圖便已建檔；世上有數以千計的人具備合成伊波拉病毒的技術，只消用市面上可買到的DNA股（DNA strand）就能辦到。一九九〇年代，奧姆眞理教的成員試圖在非洲尋找天然生成的伊波拉病毒；所幸極其稀少，並未尋獲。現在他們會發現，在自家的實驗室裡合成還容易些。家用電腦及網際網路讓業餘科學家們眼界大開。對天文學這種學科而言，這是一項重要的發展，受到毫無保留的歡迎。可是將這項權力賦予組成份子複雜的業餘生技專家社群是否恰當，令人難下定論。

創造「設計者病毒」（designer virus）是一項正蒸蒸日上的科技。更加了解人體的免疫系統，對醫學當然具有重大的助益，但也使得有心人更容易壓抑免疫機制。層出不窮、各式各樣人爲製造的病毒，人類既無免疫力，也沒有解藥，對於全球可能造成的慘重影響，要比現在非洲的愛滋病（導致非洲經濟倒退數十年）更嚴重：例如，一種和天花相當而無疫苗的疾病，甚至有可能是一種比天花更容易蔓延的病毒，或者像流行性感冒一樣傳播的變種愛滋病毒，抑或培育期更長的變種伊波拉病毒。（可怕的伊波拉疫情通常不會爆發，因爲它發作得很快，受害者還來不及傳染給其他人，肌肉就被吞蝕殆盡。相對的，因爲愛滋發作得慢，使得它能有效傳播。）

這種設計新病毒的能力，除非有設計及製造專門對付新病毒之疫苗的技術來搭配，否則我們就會和美洲原住民一樣，死於歐洲人帶來的疾病，因爲他們對這些疾病沒有免疫力。

對抗生素具有免疫力的菌株會逐漸生成。確實，這樣的細菌已經出現在自然界中，正是達爾文天擇的結果。有些醫院的病房已經受「病菌」（bug）侵染，這些病菌甚至能抵抗最後一擊的抗生素——萬古黴素（vancomycin）。人工打造比天然的突變更能奏效[25]。攻擊植物，甚至攻擊無機物的新有機體，也可以設計出來。

要出現以基因工程合成的新種微生物，或許不用再等太久。排列出人類基因組順序的色列拉（Celera）公司，其前執行長克雷格・溫特（Craig Venter）宣佈了幾項計畫，以協助解決世界能源及全球暖化的危機，憑藉的是創造新種的微生物：其中一種可以把水分解成氧和氫（爲了發展「氫經濟」[26]）；其他的則以大氣中的二氧化碳爲主食（因而能對抗溫室效應），並將二氧化碳轉化爲目前以石油及天油氣爲原料的有機化學物質[27]。溫特的技術需要製造出有五百個基因的人工染色體，將之嵌入現有但本身的基因組已被放射線摧毀的病菌中。如果這項技術可行，將會開啓設計新生命形態的遠景——以環境中其他物質餵養的新生命。例如，可以設計出以聚氨（甲酸）脂[28]爲主食，進而消滅這種塑膠的的眞菌。甚至連機械也受到威脅：特別設計的細菌可以把石油變成結晶礦物，卡住機器。

實驗室的失誤

幾乎同樣令人擔心的是，並非出於惡意的實驗錯誤及其難以逆料的結果所導致的風險，正逐漸升高。澳洲最近發生的一起事件，便是令人擔憂的預兆。朗恩・傑克森（Ron Jackson）是坎培拉動物控制合作研究中心（Animal Control Cooperative Research Center）的研究員，該中心的主要任務是改進對有害動物[29]的控制技術。他和同事依安・倫蕭（Ian Ramshaw）共同研究減少老鼠數量的新方法。他們的想法是改良鼠痘病毒[30]，使之變成有避孕功效且具傳染性的疫苗，用來讓田鼠不孕[31]。早在二〇〇一年，無意間他們就在實驗過程中創造出一種劇毒的新種鼠痘株：實驗室中的老鼠全部死亡[32]。他們在增強抗體製造、抑制老鼠免疫系統的蛋白質（介白質四〔interleukin-4, IL-4〕）上加了一個基因；結果，即使預先接種過鼠痘疫苗的老鼠也死了。如果這些科學家研究的是天花病毒，是否也能把病毒改造得更具毒性，導致疫苗罔效？按照理察・普萊斯頓（Richard Preston）的說法，「站在人類和創造超級病毒之間的主要事物，乃是個別生物學家的責任感。」[33]

這類實驗室中的實驗，能創造出比預期更危險、或許也比自然界中曾經生成者都更毒的病原體，例證了科學家在其他領域需要面對（並設法減到最低）的一種危險。這些領域包括奈米科技（甚至是基礎的物理學），而其後果可能更悲慘。奈米科技有長期、巨大的前景，但最後可能有比任何生物學失誤都更嚴重的壞結果。發明能自行複製、組裝的奈米機械並非難以想像——雖然離實現還很遠。一旦釋放，它們的數目可以成指數增加，直到把「食物」耗盡。如果它們對所消耗的物品精挑細選，那麼就可以用這些機械來代替化學工廠，一如「設計者病蟲」（designer bug）。但如果奈米機械被設計成比任何細菌都不挑食，甚至於能吃所有的有機物，危險便會出現。如果它們的代謝效率高，也能利用太陽能，便能不受控制地增生，在吃光所有的生命體之前，不會到達馬爾薩斯人口論所揭示的極限㉞。

這些連鎖事件被艾瑞克·崔斯勒（Eric Drexler）取名爲「灰膠情節」（grey goo scenario）。他寫道：「效率不會比今天的太陽能電池高的帶『葉』『植物』，能夠壓倒眞正的植物，讓生物圈中塞滿不能食用的葉子。無所不食的頑強『細菌』能夠壓倒眞正的細菌。它們可以像風吹花粉一樣地傳播，迅速複製，在數天內讓生物圈灰飛煙滅。這些危險的自行複製機械，很容易就能變得太過強悍、微小、迅速蔓延，以致於無法制止——至少，如果我們沒有準備就會如此。要控制病毒及果蠅，我們就已經遇到夠多麻煩了。」[35]

理論上，「以生物爲食的自我複製體」數量爆炸的結果，可以在幾天之內摧毀一座大陸[36]。這很可能只是理論性的「最壞情況」；即使如此，這樣的估量還是帶來一項訊息：自行複製的科技一旦發展出來，就不能排除災難迅速蔓延的可能性。

即便我們把預測範圍擴大到一個世紀以後，是否就會認眞看待「灰膠」的威脅？這些自我複製體釀成的失控瘟疫，並不違反基礎的科學法則。但這並未使之成爲重大的風險。再舉另一項未來科技爲例：以反物質爲動力來源、速度可達九成光速的太空火箭，並不抵觸基本的物理定律，可是我們知道這需要的科技遠在人類的能力之外。也許這些以生物圈爲食的超高效率自我複製體就和「星際艦艇」一樣不切實際，只是又一個「看起來」不違反科學通則（因此理論上有可能），但極不可能實現的例子。我們是否該把崔斯勒等人的想法歸類爲傳播駭人的科幻小說？

病毒和細菌本身都是最佳設計的奈米機械，無所不食，無處不能繁茂生長，它們將會是天擇賭局中的贏家。崔斯勒的批評者可能會主張，如果這種破壞性有機體的瘟疫有可能發生，爲何這麼久以來未能在天擇過程中演化出現？爲什麼生物圈沒有「自然地」

自我毀滅，卻只在人類誤用智慧創造的生物被釋出後，才受到威脅呢㊲？這項主張立即受到反駁——人類可以擘劃出大自然所不能成就的改變：基因學家能把水母的基因移到玉米或猴子身上，使它們在黑暗中發光，而天擇無法用這種方法跨越物種之間的藩籬。同樣地，奈米科技可以在數十年內完成大自然永遠做不到的事情。

二〇二〇年之後，操控病毒及細胞的複雜技術將變得稀鬆平常；整合的電腦網路將會接管人類生活的許多面向。任何針對本世紀中葉的預測，都屬於臆測及「劇本」的範疇。到那時候，奈米機器人有可能成眞；的確，有那麼多人都在嘗試製造奈米自我複製體，其中有人試圖引發災難的機會便相當的大。構思重大的威脅要比研擬有效的對策容易多了。

這類看似杞人憂天的事情，不應當讓我們分心，忘記本章所述各式各樣已然與我們同在，或者持續擴大的弱點。這些可能性至少應當讓我們感到「鬱悶」，一如半世紀前核武威脅首度浮現時，先驅原子科學家們的心境。一種威脅的嚴重性是以其大小乘上發生的機率：這就是我們估量該擔心颶風、小行星撞擊、傳染病到什麼程度的方法。如果我們把這種計算方式應用在未來所要面對的人爲風險上，全部加總起來，末日之鐘會更接近午夜。

5 透明社會——預防犯罪的權宜之計

當只有區區幾個技術老練的人能夠威脅人類社會時，放棄隱私似乎是維持安全的最小代價。但「透明的社會」就夠安全嗎？

我們正進入這麼一個年代，一個人暗地裡行事，便能導致數百萬人死亡，或使一座城市多年不宜人居，而當網路世界不能正常運作時，可以造成全球經濟的某個重要環節大亂：例如航空運輸、發電，或是金融系統。的確，引發災難的人可能只是無能，而非心懷不軌。

有三個原因使得這些威脅持續增加。第一，隨著科學的進展，受過遺傳學、細菌學或電腦網路訓練的人所具備的破壞力也跟著增加；第二，社會日漸整合並互相依賴（國際、國內皆如此）；第三，即時通訊意味著，即便是地區性災難引發的心理衝擊，也能影響全球的態度及行爲。

目前最顯著的次國家威脅，來自伊斯蘭極端份子，他們受傳統的價值觀與信仰所驅使，而這些價值觀與信仰和歐美的主流文化相去甚遠。理性追求其他理想或滿腔怨憤，也能鼓動教派團體、甚至「孤僻怪客」做出同樣狂熱的行爲。再者，某些欠缺理性的人——這種人在美國可能正逐漸增多——如果有機會取得先進的科技，便能引發更棘手的威脅。

科技的無理性

有些樂觀主義者想像科技教育能降低極端非理性及違法犯紀的傾向。可是有許多例子證明這是錯誤的想法。「天堂之門」（Heaven's Gate）教派雖然規模不大，卻能預示技術專家當道的美國將會發生什麼事。教派成員中的一個「基層組織」在加州成立一個與世隔絕的社群，他們設計網頁的經驗老到，足以養活自己。可是他們的技術能力、對於太空科技和其他科學領域的興趣，卻與駁斥科學思維之理性的信仰結合。許多信徒自行去勢：他們在其網站上聲稱，渴望將自己變爲「屬於眞正上帝王國——高於人類的演化層級（Evolutionary Level）——的肉體，離開這個轉瞬即逝、終將腐朽的世界，前往永恆而沒有墮落的地方。」①

這些人相信，會把他們送往更高境界的「生命」降臨前，將有彗星先行通報：「『海爾—波普』(Hale-Bopp)彗星的接近是我們一直在等待的『標記』——表示來自『人上層級』」(Level Above Human)的太空船到達了，帶我們回家，前去『他們的世界』(Their World)的時刻已到。我們滿心歡喜準備好離開『這世界』(This World)。」當這顆近十年來最明亮的彗星最接近地球時，三十一名教派信徒，包括教派領袖馬歇爾・愛普懷特(Marshall Applewhite)，漠然、有序地自殺。

當然，集體自殺不是新鮮事：至少可以推溯到兩千年之前，且甚至延續到現代的西方社會。詹姆士・鍾斯(James Jones)牧師帶領一批救世主教派②的信徒，隱居於南美洲一處偏遠的地點——蓋亞那的鍾斯鎮(Jonestown)。一九七二年，他慫恿教眾集體自殺，九百名教徒全都死於氰化物中毒。

雖然現代科技讓全球即時通訊變得可行，但確實也讓人更容易在充滿智識的環境中離群索居。天堂之門的信徒不用到亞馬遜叢林就能與世隔絕：利用網際網路，他們在經濟上自給自足，不必接觸任何實體環境中的鄰居；事實上，他們切斷了和任何「正常人」

的接觸。反之，透過電子科技和其他大陸的教派支持者進行選擇性的接觸，讓他們的信仰更加堅定。

原則上，網際網路讓我們有機會接觸前所未有見的多元意見及資訊。可是，它也窄化、而非擴大人際之間的理解與同情心：有些人可能選擇把自己關在具有同樣思維的網路社群裡。卡斯・桑斯坦（Cass Sunstein）是芝加哥大學的法律教授，他在著作《共和國達康》（*republic.com*）中提到，網際網路讓我們全體都能「過濾」（filter）所接收的資訊，因此每個人都只閱讀針對其嗜好量身訂做的「我的日報」（Daily Me），（更在不知不覺中）滌除質疑個人偏見的素材③。將來有許多人不和態度、品味不同的人分享經驗，寧願「活在自己設計的迴音室中」，「不需要和你沒在尋找的話題及觀點打照面。毫無困難，不多不少，你看到的完完全全就是你想看的」。要預測網際網路對主流社會的影響（特別是從國際的脈絡來看），現在還太早。可是它有個危險是，宣揚與人隔絕，讓我們（如果我們選擇這麼做）更容易避開日常的人際接觸，而這些接觸難免都會要我們去應付與自己衝突的觀點。桑斯坦論及「團體極化」（group polarization），人們藉此只和志趣相投的人互動，讓他們的偏見及執迷更加根深柢固，更趨向極端的立場。

「天堂之門」的教條是「新世紀」(new age)和科幻小說概念的混合品。這個教派不是獨一無二的,的確,也許屬於一股捲土重來的趨勢④。總部位於加拿大的「雷爾」(Raelian)教派,追隨者超過五萬,分佈在八十餘個國家。教派創始人兼領導人克勞德・弗雷爾洪(Claude Vorilhon,自稱「雷爾」〔Rael〕)本是報導賽車的記者,聲稱曾在一九七三年被外星人綁架,外星人還告訴他如何利用「DNA科技」創造人類的訊息。雷爾教派無比積極地鼓吹複製人計畫。可是複製人類非但有倫理上的問題,即使是擁護者也覺得技術未臻成熟,頗有危險性。

這些教派可能和觀察不明飛行物體的陰謀論者一樣,來自相同的「邊緣」。但是在美國,同樣怪異的信仰看起來幾乎是主流文化的一部分。數百萬人相信「狂喜」——基督重返地球,把眞正的信徒送上天堂——或者相信千禧年即將到來,一如〈啓示錄〉中的描述⑤。對千禧年的信徒來說,地球和生物圈的長遠未來毫不要緊,其中有些人在美國還頗有影響力。(雷根政府時代,在宗教上屬基要主義者的詹姆士・瓦特〔James Watt〕擔任內政部長,主管環境及能源政策。他相信在石油用盡之前,也在我們承受全球暖化或砍伐森林的苦果之前,世界末日就會來臨,因此我們有責任把地球上神賜的資源揮霍殆盡。)

這些教派的信徒中，有些如「天堂之門」的成員，只威脅到自己。把他們全都妖魔化，或者把截然不同的信仰混爲一談並不公平。和傳統的意識形態相比，這些再起的教派當然還是微不足道的「餘興節目」。傳統宗教狂熱份子的行爲，結合對單一議題的執迷與冷酷，例如英美極端擁護動物權的人士，可以成爲一種具威脅性的混合物，若再加上熟練的技術能力更是如此。網際網路讓群體得以組織及提供技術性的專業知識。我們的社會及經濟體系正變得脆弱且相互連結，以致於只要有幾個人具備這種心態，並能獲取現代科技，就會發揮極大的「影響力」。

引起混亂的事端若只有一件，或許我們還能應付，但若層出不窮，在說服力愈來愈大的傳播媒體渲染之下，心理層面的衝擊將逐漸侵蝕人心。知道這種事會無預警地發生，將讓社會付出很大的代價。在可能發生恐怖活動的地區，如果你害怕同車的乘客中可能有自殺炸彈客，你就不會願意搭巴士；你會猶豫該不該對陌生人施惠；有辦法的人會躲進門禁森嚴的社區或孤絕的國中之國。未來的超級恐怖活動可能造成全球社會及人際互信的大崩潰。

顯然，這些憂思爲各國與國際社會提供更進一步的動機，把背叛與不公不義減到最少，讓心生不滿的人沒有藉口。但即使是從最近美國面對國內虛無主義⑥或末日教派及受迫害者的經驗來看，也能清楚發現這是個棘手的問題。

侵入式的監視是小惡的安全措施？

權宜之計是接受隱私權的完全喪失，運用新式科技監視所有的人。技術上來說，全面監視逐漸可行，可以廣泛做爲安全防護裝置，對付不受歡迎的地下活動。能否用外科手術把電波發射器植入假釋犯的體內，藉此監控他們？諸如此類的問題已被慎重討論。要所有國民都接受這種待遇，對我們大多數人來說不會好受，但如果威脅逐漸升高，我們對於這種措施的需求可能會認命，而下一代也許不會感到厭惡。

傳統極權主義作風的歐威爾式監視⑦，世人絕對無法接受，除非加密技術能並駕齊驅，否則每一項技術的進步都會造成監控機制更深入我們的生活。但假定監視是雙向的，每個人非但能「暗中監視」政府，也能偷窺他人。或許是故意挑釁，科幻小說作家大衛・布林（David Brin）在《透明社會》（*The Transparent Society*）中主張，要確保未來的安全，這種「對稱」（可是也更具侵入性）的監視可能是所有不能接受的方式中，程度最輕的一種⑧。要這麼做，顯然需要改變心態，但眞有可能會發生。在英國，公共場所裝設閉路電視系統已經很普遍⑨，這通常被視爲可靠的安全措施，儘管喪失了隱私。我們有越來越多的資訊——我們買些什麼，去哪裡旅行，什麼時候去等等——都記錄在購買商品或機票、車票所使用的「晶片卡」上，每次使用行動電話也有紀錄可循。有這麼多朋友自願把極爲個人的資料放在網頁上，向全世界公開，讓我非常驚訝。因此，在任何越軌行爲都無法不被察知的「透明社會」中，其成員寧可接受這樣的社會，而不要其他選擇。

歐美所想像的未來景象，對世界上其他的地方可能毫無意義，因爲在那裡，貧窮剝奪了大多數人享受二十世紀科技造就之基本利益的機會。可是這種透明性會擴散到全球，正如行動電話和網際網路的情形。

透明性的擴散會怎樣影響富國與窮國之間的關係呢？除了透過電影及電視新聞的報導，非洲以外的人沒幾個對於撒哈拉沙漠以南有直接的認識⑩。如果人際之間能夠直接連結，歐美對於世界上其他角落的觀點將有何改變？樂觀的看法是，個人每日基本所需的圖象式「即時」證據——舉例來說，連每天花一美元來做基本治療都負擔不起的愛滋病患者——比慈善贊助的傳統式援助計畫偶爾收到的訊息或照片，更能有效刺激個人慷慨解囊。可是對美國隱居在門禁森嚴的社區中，和窮人甚至鄰居隔絕的人來說，似乎不太可能接觸到非洲瀕臨絕望的民衆。即使他們有機會和非洲人交朋友，並透過錄影帶保持聯繫，「同情心」也會很快「疲乏」。的確，這可能是網路世界導致社會更尖銳分裂的又一個例子。

另一方面，非洲和南亞的人會更深刻意識到自己相對受剝奪的處境，特別是當（如果有可能的話）使用網路的服務比衛生、食物及醫療保健等基本需求都便宜時。窮國之中數以百萬計的人不會再那麼沉默，他們會更清楚自己和富裕地區的懸殊差距，運用技術性的方法來製造大分裂。不是只有宗教的基要主義能觸發對西方的憤怒敵意。如果所有開發中國家都採取所謂的西方價值觀，則全球化利益的不平等分配和旨在爲富人錦上添花、卻不能提供窮人基本所需的經濟體系，將更加激怒弱勢族群。

我們會一直是人嗎？

直到現在，社會都是宗教、意識形態、文化、經濟及地緣政治所形塑。這些元素——以無窮盡的面貌呈現——一直都是內亂及戰爭的藉口。然而，許多世紀以來有一項不變的元素，就是人性。可是在二十一世紀中，藥物、基因改良，也許再加上的矽埋植片，將會改變人類本身——改變心智、態度，甚至於體形。

未來遺傳學要引發人類族群的改變——雖然比任何自然演化的改變都要快上許多——還需要幾世代的時間。但透過成癮性藥物（或者是電子埋植片），人類情緒及精神狀態的改變可以擴散得更爲迅速。

福山（Francis Fukuyama）在《後人類未來》（*Our Posthuman Future*）中主張，習慣性而普遍地使用改變情緒的藥物，會讓人類性格的面向變得貧乏。他列舉用 Prozac 來對抗憂鬱症，Ritalin 來抑制除精神亢奮之外一切正常的過動兒（hyperactivity）：這些作法已經壓縮了被視爲正常、可接受的人格種類。福山預測，當其他藥物研發出來之後，人格範疇更形窄化，將威脅到他視爲人性本質的事物⑪。

確實,不久後注射直接作用於腦的賀爾蒙就會比 Prozac 一類的藥物更有效,更能「鎖定」藥效於改變人格。實驗顯示,PYY 3-36 賀爾蒙可以直接作用於下視丘(hypothalamus),消除飢餓感。倫敦哈默司密斯(Hammersmith)醫院的史蒂夫·布魯姆(Steve Bloom)是這種技術的專家之一,他對於這項工作在十年內能走到什麼地步表示關切:「如果我們能改變人的食慾,就能改變其他根深蒂固的慾望:下視丘也是影響性驅力及性傾向的腦部線路終點。」⑫

福山擔心藥物會被廣泛用來減緩極端的情緒及行爲,而我們的物種退化成了無生氣、一味順從的殭屍:社會會變成反烏托邦(dystopia)⑬,就像赫胥黎的《美麗新世界》(*Brave New World*)。即使我們看上去還是一樣,卻不再是完整的人。福山贊成嚴格管制所有改變情緒的藥物。如果不希望有一天所有極端的人格都被消除,則禁制不必有百分之百落實。即使有少數人以不合法的手段,或前往管制較鬆的國家以獲得藥物,對於一國國民的性格也不會有全面性的衝擊。

可是我的憂慮和福山相對立。「人性」包含了極爲多元的人格類型,當中也包括被引向不滿之「邊緣」的人。隨著我們共享的世界更緊密地相互連結,而這種人的技術能力及專業知識也同時增進，只要幾個人，他們的顛覆性、破壞性影響就會更具毀滅性。

三十年前，心理學家史基納（B. F. Skinner）在其著作《自由與尊嚴之外》（*Beyond Freedom and Dignity*）中預見，要避免社會崩潰，也許需要某種形式的心智控制方法；他主張，如果一個社會的成員對生活於其中感到滿足，沒有人希望顛覆它，則對全體人口的「制約」（conditioning）是不可或缺的前提⑭。

史基納是行爲心理學家，其機械式的「刺激—反應」理論現在已被否定。可是他強調的問題如今更爲急切，因爲科學的進展甚至能讓一個人格「偏離常軌」的人導致天下大亂。諷刺的是，如果當代的心理學家膽敢提出一劑萬靈丹，鐵定會像福山揭示的後人類夢魘：利用「設計師藥物」和能「矯正」極端人格的基因介入，造就出溫馴、守法的人類族群。對於日後可能出現不滿心態的危險份子，未來的腦部科學甚至可以「修正」他們的人格：這是更加反烏托邦的前景。

在菲利浦・狄克（Philip K. Dick）的幻想小說《關鍵報告》（*Minority Report*，已被史蒂芬・史匹柏改編成電影）中，專門培養來擔任「預知者」（pre cogs）的變態人類，能夠確認未來可能犯罪的人，先發制人追蹤這些未來的重犯，將之監禁在大桶中⑮。如果我們的性格傾向確實是由基因和生理所決定（但還不清楚到什麼程度），那麼要確認可能犯罪的人，很快就不再需要超自然的力量了。會有不斷增加的壓力，要求在眞實的世界中建立這種先發制人的機制，做爲對抗不法行爲的防範措施——每當科技有所進展，不法行爲就會更具災難性，而且，甚至可以出於一人之手。

如布蘭德所言，我們的文明「比以往更緊密地連結在一起，槓桿作用也更顯著，處在以精密高科技構成的複雜上層結構之上，如臨深淵，每個部門都仰賴另一個部門的成功。」[16]能否在不犧牲人性的多元性及個體性的前提下，護衛文明的精髓？爲了生存，我們必須受到警察國家的恐嚇，剝奪一切隱私，或者被改造成消極、不抵抗嗎？

或者，我們能抑制有潛在危險的科學及科技的發展，甚至完全放棄某個科學研究的領域，從而降低威脅嗎？

6 捨棄與約制——科學陰暗面

二十一世紀的科學展現了明亮的前景，可是也有黑暗的一面。將倫理的限制加諸研究之上，或者捨棄有潛在威脅性的科技，不但很難獲得共識，更難以落實。

二○○二年，以電腦和電子產品爲報導主題的知名雜誌《連線》（*Wired*）發起了一系列「長期的打賭」。《連線》的想法是要匯集對於社會、科學及科技未來發展的預測，進而激發討論①。網路大師艾斯達·戴森（Esther Dyson）預言，十年內俄國將成爲全球軟體產業的第一把交椅。物理學家賭的是需要多久才能公式化基本力的統一理論②，以及這樣的理論到底存不存在③。另一個賭注是，有沒有目前在世的人可以活到一百五十歲。就目前醫藥進步的速度來看，並非沒有機會，可是預測者並不認爲自己能活那麼久，親眼看到賭局的結果④⑤。

我賭一千美元：「在二○二○年之前，會有個生物學失誤或生物恐怖行動的狀況，導致一百萬人死亡。」

當然，我熱切希望賭輸。可是說眞的，我不認爲自己會輸。這項預測不用二十年就能見輸贏。即使「凍結」住新的發展，而且可能犯下如此暴行或超級錯誤的人，始終只能取得目前的技術，我相信風險還是很高。可是，當然沒有一個學科比生物科技前進得更快，而其進展卻提高了風險，也增加風險的類型。

科學社群有多焦急？似乎是令人訝異的沉默。新科技顯然可以帶來巨大的利益，而大多數的科學家都抱持這種態度，認爲壞的一面可以用更多（或不同方向）的科技來彌補；他們在意的是，如果我們不奮力向前，會錯失多少。在蒸氣機時代的初期，數以百計的人慘死於設計不當的鍋爐爆炸；同樣的，早年的飛機很危險。大多數的外科醫療程序，即使現在已是家常便飯，剛問世的時候卻都很危險，也經常致人於死。每進一步都經歷過「試誤」的階段，可是當有人自願承擔風險，而且可能出現的「好的一面」很大時（如外科手術的例子），可接受的門檻可以設得高一些。佛里曼・戴森在一篇短文〈說不看不見的代價〉（The Hidden Cost of Saying No）中，凸顯了這個問題。他強調，批准前所需要的安全測試過程冗長、昂貴，限制了新藥的發展與使用——對許多可以因而得救的病人來說，有時是個傷害⑥。

可是這中間有一點不同：當置身於風險中的人們毫無選擇，也不能得到任何補償的好處時；當「最壞情形」可能是場災難；或者當風險無法量化時。有些科學家對這些風險似乎抱持宿命論的觀點；或者有另一些人感到樂觀，甚至於自滿，認爲能避開更令人膽寒的「壞的一面」。這種樂觀有可能用錯了地方，而我們應當問道，在某些領域「減速慢行」，或者犧牲一些科學傳統的開放性，能否避免更難以駕馭的風險？

科學家們接受了：他們工作的方式，以及他們的發現如何被應用，有加以控制的必要。生物學上的進展可能應用的層面不斷在增加——複製人，基因改造的有機體等等——需要加以規範。幾乎所有可資應用的發現都有正反兩面的可能性。有責任感的科學家都不會附和H・G・威爾斯的小說中殘忍的摩魯博士⑦所說的話：「我在做這項研究時，就讓研究本身帶著我走。這就是我一向聽到的，眞正做研究的唯一途徑。我問一個問題，想出某個方法去獲得一個答案，然後又有一個新的問題……。在你面前的東西不再是一頭動物、一個同類的生物，而是一個問題……。我要……找出生命形態可塑性的極限。」⑧

科學界的自制

如果實驗本身就有危險，例如製造有可能流出的危險病原體，或是產生極度濃縮的能量，顯然就有正當理由加以克制。科學家們有時會遵守對特殊研究自行設下的禁令。前例之一是一九七五年由一群聲望崇隆的生物學家所提出的宣言，避免進行可能讓基因重組（recombinant DNA）技術實現的幾類試驗，這種技術在當時尚屬新穎⑨。這份宣言緊接著史丹佛大學的保羅·伯格（Paul Berg）在加州亞汐羅瑪（Asilomar）召集的會議而來。亞汐羅瑪禁令很快就顯得過分小心，但並不是說這在當時是不智之舉，因爲風險高到什麼程度還無法眞正確定。DNA雙螺旋結構的共同發現者之一詹姆士·華生（James Watson）回顧當時認爲，試圖自我規範是一項錯誤⑩。（大致說來，華生對於生物科技的應用相當「樂觀」〔bullish〕，相信不該限制運用基因方面的知識來「改進」人性。他問過一個很誇張的問題：「如果生物學家不去扮演上帝的角色，那會是誰？」）可是另一位亞汐羅瑪的與會者大衛·巴的摩爾（David Baltimore），一直對這件事感到自豪：從他的觀點來說，「要使社會努力思考這些問題」，這麼做是正確的，「因爲我們知道，要讓這項作爲的巨大利益得以實現，除非我們和社會大衆看法一致，並帶領他們思索這些問題，否則社會將會阻擋我們。」

亞汐羅瑪的經驗似乎是令人鼓舞的先例，顯示一群舉世頂尖的科學家能夠同意一項無私的作法，而他們在研究社群中的影響力，足以確保此舉能夠落實。現在有更多的理由去設限，可是今天要自發地達成共識卻更加困難：社群大得多了，而（被商業壓力增強的）競爭更爲激烈。

許多國家出於人道的關懷，對於動物實驗已有正式的進行準則，並須獲得許可。可是，實驗有個「灰色地帶」（penumbra），雖然既不殘忍也不危險，但引起反射性的厭惡感，導至有些人敦促做更廣泛的規範。

生物倫理學家用「討厭因子」（yuck factor）一詞，表示違反我們認知的自然律所導致的情緒反彈程度。這種反應有時僅是反映出不加思索的保守傾向，隨著我們對新技術的熟悉而逐漸消蝕：首度移植腎臟時也曾引起這類的反應，可是現在已被廣泛接受；確實，甚至連眼角膜的移植也曾是如此。報紙上有張老鼠的照片，牠被植入一片模板（template），板上長出人朵形狀的組織，大小幾乎和牠的身體一樣。這眞會讓人大喊一聲「討厭！」，雖然老鼠對自己所受的待遇和怪模怪樣不以爲意。

讓我個人有「討厭！」反應的，則是改變動物行爲的侵入式實驗。在布魯克林（Brooklyn）的紐約大學醫學中心，生理學家把電極植入老鼠的腦中。其中一個電極刺激腦部的「快感中心」⑪，另兩個則活化來自左邊及右邊鬍鬚的訊號。這道簡單的手續把動物轉變成「機器鼠」，可以指揮牠們往左或往右，迫使其出現完全違反本能的行爲模式。這些程序對老鼠來說不見得殘忍，在某種意義上，和駕馭套上軛或轡的牛馬並無不同。即使如此，這類實驗可能是侵入式改變（人，動物也一樣）的前兆，削除許多人所認爲的天性；藉由更複雜的賀爾蒙技術來改變思考過程，也能讓人產生相同的反應。

也許只有少數人，對老鼠實驗有這種極小衆的反應方式。可是，有些作法可能很快就會引起廣泛的反感，定然會有加以禁止的壓力：例如，「設計」出無知覺的動物，（然後有人會主張）牠們在倫理層面上相當於植物，可以施諸駭人的待遇而不必覺得良心難安⑫。（食品工業得以如釋重負，因爲他們備受壓力，要求他們摒棄在工廠式農場中以殘忍、集約的方式培育動物⑬。）從沒有腦的原始人⑭身上收割器官備用，在道德上似乎更成問題。另一方面，移植豬或其他動物的器官到人體可能會遭禁——這與道德判斷無涉——因爲可能把動物的疾病傳到人類身上，但這種技術（異種移植〔xenotransplantation〕）引發的道德問題應當不會比吃肉來得大。用幹細胞在原處培養出新器官，看來似乎是移植手術之外最能被接受的方法。器官移植意味著緊張的等待：就算不是熱切期待，也會充滿矛盾，因爲必須等待車禍或類似的不幸事件發生，提供合適的「捐贈者」。

不久之後，複製動物的技術可能就會變成家常便飯，可是嘗試複製人類會掀起廣泛的「討厭！」反應。謠傳雷爾教派已經有好幾十個複製（人）胚胎[15]。有責任感的科學家會反對任何複製人的企圖，因爲即使妊娠能夠足月，生出的嬰兒還是很可能有嚴重的缺陷。儘管世人在道德上普遍反對，加上胎兒不健全的機率非常高，但可以確定，幾年內第一個複製人就能出生。

如何應用科學——應用於醫學或環境等等——應當在科學社群之外廣泛討論。爲什麼廣大的群衆應當對科學有些概念,例如至少知道質子（proton）和蛋白質（protein）有什麼差別，這是原因之一。要不然，這類的討論只會是喊喊口號，或者淪爲小報聳動標題的層次。決定涉及倫理或風險的問題時，不應特別重視科學家的觀點[16]：確實，這類的判斷最好留待成員背景較廣泛、更冷靜公允的團體。公衆贊助的人類基因組計畫有一項受歡迎的特色是，預算中有一部分特別指定用來討論及分析該計畫對倫理及社會的衝擊。

科學的老闆

科學研究與我們從事研究的動機，不能和進行這類研究的社會脈絡分開。科學是現代社會的基礎。可是同樣地，社會態度決定了對哪一類科學有興趣，以及哪個領域會獲得政府的青睞與商業的贊助。

光是在我本人涉及的科學領域中就有好幾個例子。研究次原子粒子的巨大機器之所以得到政府的資助，是因爲物理學家在二次大戰期間扮演關鍵角色，他們所建立的影響力，爲後人鋪了路。天文學家用來探測遠處星球微弱發射的感應器，是爲了讓美國軍方在叢林中找到越共而設計的；現在則用在數位相機上⑰。而昂貴的太空科學計畫——那些已經登陸火星，提供我們木星及土星特寫照片的探測裝置——搭的便車則是冷戰期間兩大超級強權對抗下催生的龐大太空計畫。如果沒有間諜衛星來分攤研發費用，哈伯太空望遠鏡（Hubble Space Telescope）的造價會更高。

因爲有諸如此類的外在影響因素——而在其他的科學領域也可以找到相應的事件——科學工作的進展並非處於最理想的情況。無論我們從純粹智識的觀點來看，或者把可能對人類福祉的裨益考慮進去，似乎皆是如此。有些學科佔據「有利位置」，獲得的資源多得不成比例。其他如環境研究、再生能源，以及生物多元性的研究，卻要花更多的功夫（去爭取資源）。醫藥方面的研究則過度集中於繁榮國家常見的癌症及心血管疾病，而非流行於熱帶的傳染病。

但大多數的科學家仍然認爲，知識及理解本身就是值得去獲取它們的理由（譯按：即爲學問而學問），他們相信，如果「純粹的」研究是安全的，也沒有倫理方面的異議，就不應受到束縛。可是，這種想法是否過於簡單？有些學術研究的領域——大學實驗室中所進行的那種科學——廣大的群衆是否應當試著加以限制，因爲他們對這些研究將把人類帶往何方感到不安？最確定能防範新危險的安全措施，就是拒絕以基礎科學做爲世界的根基。

基於策略的考量，所有的國家都會大力支持可望有高價值附帶利益的科學。（因此分子生物學要比黑洞研究更受青睞，我本人涉及後者，即使如此，這種差別待遇對我說來並不算不公平。）但是否可以反過來說：如果有理由認爲某種「純粹」研究的成果會被誤用，就算這項研究無比有趣，是否應當取消對它的支持？我想是的，特別是因爲目前對不同科學領域的資源分配本身，就是許多外在影響因素相互較勁的結果。當然，不能讓科學家完全不去思考及臆測：他們最好的點子往往來自閒暇時的靈光乍現。可是任何研究經費被停掉的學院派科學家都很清楚，經費的刪除能讓一系列的研究慢下來，即使不是完全停頓。

一項研究若能在短期內帶來可觀的附帶利益，就不需要公衆在經濟上的支持，因爲商業界的金主會主動介入，提供財源：只有政府的規範才能遏止這類的研究。這些規範也應當限制民間資助者如何運用他們的資源。富人能扭曲研究——有個美國人給了德州農工大學五百萬美元，從事生物複製的研究，因爲他要複製他的老狗[18]。

要有效約束某個領域的研究，必須在國際間達成共識。如果一個國家設下規範，則該國最活躍的研究者及最積極的公司會移往更支持其研究、法規更寬容的國家去。這已經發生在幹細胞的研究上了，有些國家，特別是英國及丹麥，都已經建立相當寬容的指導方針，因此造成「腦力的增加」（brain gain）。中國及新加坡針對研究人員及該國羽翼未豐的生技工業，提供十分誘人的制度，目標是在這場競爭中三級跳躍進。

政府要爲科學制定統制政策的難處在於，無法預測何時何處會出現劃時代的進展。如前所述，X—光是一位物理學家在無意中發現的，並不是爲了透視肌肉，因而推動的醫學計畫的研究成果。再舉另一個例子，十九世紀曾有一項提昇音樂複製技術的計畫⑲，結果催生了精巧的機械式自動風琴（orchestrion），可是和二十世紀實際運用的技術仍相去甚遠。法拉第（Michael Faraday）受好奇心驅使而去研究電與磁，他和後繼者的研究成果，才孕育了今日的技術。更爲晚近時，雷射（激光）的先驅對於他們的發明將如何被應用，毫無概念（一定想不到最早的應用之一是修補剝落之視網膜的手術）。

面對所有的創新，我們都可以捫心自問：其潛在的力量是否令人恐懼到應當禁止全力發展，或者至少施加某種限制。舉例來說，奈米科技很可能使醫藥、電腦、監視，以及其他實用的領域改觀，但也可能進步到讓自行複製在技術上變得可行，同時也產生危險。屆時將會有因「釋出」這種技術而釀成浩劫的風險（或者做爲「自殺」武器），就如同現在的生物技科，唯一的因應方法就是類似免疫系統的奈米技術。要防杜這類的危險，佛利塔斯（Robert Freitas）建議頒佈亞汐羅瑪式的暫停發展禁令：人造生命只應在電腦的實驗中進行研究，而不是以任何「實體」機械實驗，也應當禁止發展可以在自然環境中複製的奈米機械。對於超級智慧的電腦網路，以及其他把現有科技外推的行爲，我們也應當同等關切。

隱藏或開放？

不以放緩某個研究領域的脚步爲目標，而是拒絕讓可能誤用的人獲取新知識，能夠消弭風險嗎？各國政府一直都把大部分和國防有關的工作列爲機密。可是，未被列爲（政府）機密（也不因商業考量而保密）的研究成果，傳統上人人可得。二〇〇二年，美國政府建議科學家，對於不屬機密但具有敏感性，且可能被誤用的新研究成果，傳播時應當自行設限：這項提議和一般作法差距過大，引發美國科學社群的爭論，甚至在美國國內亦然。

如果有個看似合格的學生，帶著一大筆來源可疑的錢，申請攻讀核子工程或微生物學的博士學位，校方應當怎麼處理？嘗試阻止未來的歹徒接受訓練，至多只能稍緩新觀念的擴散，特別當我們無法可靠地確認出具有「高度風險」的人。有人可能會說，任何能減緩傳播速度的作法，即使效果極小，都值得一試。其他人則可能主張，因爲這種能力無論如何都會四處傳佈，也許更好的方法是盡可能把過去的學生都納入一張網絡。這麼一來，透過人際接觸，要進行實質的不法計畫而不走漏消息的機會便減小了。訊息傳播極度開放，人口在國際間頻繁遷徙，即使是小規模的密謀也不容易掩飾。學生及學者來往於世界各地，實際上只受限於國家對於給予簽證的政策，可是如果把決定權交給大學，我想大多數學校都會對學生採取開放的態度，反而會對資深的科學家訪客做更嚴密的篩檢⑳。

有一項措施已在討論之中：希望能達成國際協定，讓一個人在任何地方購買及持有任何危險的病原體，在每個國家都構成犯罪行爲——就如同現在對付劫機犯的作法——並培養獎勵「檢舉」的文化。這項運動的主要擁護者之一是頂尖的生化武器專家，哈佛大學的教授馬修・美索遜（Matthew Meselson）。

科學家是自己本行的批評者，也是創造者：要在學術期刊上發表任何新發現，都必須以「同儕複審」（peer review）的方式執行品質管理。這是要保證不會有無價值或言過其實的論述出現。可是基於商業壓力，或者單純出於學院中的派系競爭，違反這種舊規的案例愈來愈多。有新聞價值的發現在接受同儕審核之前，常常已先透過媒體或會議自吹自擂。反之，其他的發現則出於商業考量，隱而不言。而當科學家在研究「敏感」的主題，例如致命的病毒時，本身便會面對兩難的困境。

違背科學常規最受注目的例子之一，發生於一九八九年，當時在猶他州立大學任教的史丹利・龐斯（Stanley Pons）及馬丁・佛萊許曼（Martin Fleischmann）聲稱，在尋常室溫下，利用放在桌上的儀器就能產生核能[21]。這項聲明如果可信，對其所引發的宣傳熱潮便當之無愧：「冷融合」可以爲全世界帶來一種不虞匱乏、便宜、清潔的能源。它會被列爲二十世紀最偉大的發現之一，是發現火以來，人類最重大的突破之一。

可是很快地，技術上的疑問就出現了。非常的主張需要非常的證據，而在這個案例中，證據仍然非常薄弱。龐斯及佛萊許曼的論述被找出矛盾之處；好幾個地方的實驗室嘗試複製這個現象，可是都沒能成功。從一開始，大多數的科學家就抱持懷疑的態度；一年之內，科學界一致同意該實驗的詮釋有誤，雖然一直到今日，還是有一些「信徒」。

另一起同樣發生在二○○二年的事件，便處理得好一些。當時橡樹嶺國家實驗室[22]有一個由科學家塔勒亞康（Rusi Taleyarkhan）帶領的小組，正在研究一個令人不解的「聲光效應」(sonoluminescence)：當極強的聲波經過發泡的液體時，氣泡會被壓縮而放射出閃光。橡樹嶺的這群研究人員聲稱，利用一種很聰明的方法，可以把內爆的氣泡壓縮到產生很高的溫度，高到足以引發核融合反應，過程轉瞬即逝，卻是太陽發光及氫彈產生能量的迷你版。不過，連他們在橡樹嶺的同僚也不相信有這回事：這個說法違反「懷著希望的信念」的程度沒有「冷融合」那麼大，但依然不太可能。但塔勒亞康還是寄了一篇論文到著名的期刊《科學》(*Science*)去。儘管審稿人充滿懷疑，《科學》的編輯仍舊選擇登出這篇論文，但加了一段編者警語，說明此文備受爭議。這個決定至少確保了塔勒亞康的主張會受到最多的審閱㉓。

除了龐斯、佛萊許曼，以及未加批判便隨之起舞者的個人聲譽之外，長期觀之，「冷融合」的失敗案例並無大害。而塔勒亞康的說法是否正確，透過討論及獨立重覆其實驗，很快就會有定論。任何有可能成爲劃時代發現的主張，如果有機會公開宣佈，保證會吸引國際間的專家廣泛調查審視。因此，如果能夠公開無礙，跳過同儕複審這個程序其實不太要緊㉔。

然而，假設有爲軍方或商業界在實驗室中從事祕密研究的資深科學家，提出像龐斯及佛萊許曼一樣不尋常的發現時，會發生什麼事？這種工作非常不可能被大衆察覺：一旦主事者意識到其「發現」具有前所未見的經濟價值及戰略上的重要性，就會進行大規模的祕密研究計畫，消耗大量的資源，且避開大衆的監督。

一九八〇年代確實發生過類似的事件。利佛摩實驗室㉕是美國從事核子武器研發的兩大實驗室之一，當時有一項大型的祕密計畫，目標是發展X—光雷射。研究經費來自雷根總統的「國家戰略防禦」(Strategic Defense Initiative，俗稱「星戰」〔star wars〕)計畫。計畫的概念涉及以核爆在太空中激發雷射；研究人員設想，星戰裝置在被蒸發之前的百萬分之一秒中，會發出極強的「死光」，能夠摧毀敵人來襲的飛彈。獨立進行研究的專家們幾乎異口同聲譴責這項計畫。但這是愛德華．泰勒(Edward Teller)及其門生的新構想：在一個「封閉」的環境中工作，能利用五角大廈源源不絕的資源；他們在放棄「X—光雷射」計畫之前，已經耗費了幾十億美元。如果泰勒的團隊想出一種新能源，可以想見，關起門來他們能以非常有說服力的論點，強調爲了國家利益需要發動一項「速成」的計畫。在這些例子中，保密導致浪費，而力量也用錯了地方。更糟的情況是，祕密進行的計畫連實驗者都不知道、或者低估的危險性，而大多數未參與的科學家都認爲應當喊停。

「細緻的捨棄」

贊成「放慢腳步」的影響力人士之一，是昇陽微系統公司（Sun Microsystems）的共同創辦人，以及Java語言的發明者人畢爾・喬依（Bill Joy）。令人驚訝的是，這種由衷不安的感受竟是發自電腦科技界的大英雄——而且在所有的媒體之中，選擇了《連線》雜誌。他在二〇〇〇年發表的文章〈爲甚麼未來不需要我們〉（*Why the Future Doesn't Need Us*），讓世人議論紛紛㉖。倫敦的《泰晤士報》（*Times*）寫了一篇社論，把它和一九四〇年物理學家羅伯・佛利許（Robert Frisch）、魯道夫・派爾斯（Rudolf Peierls）㉗提醒英國政府關於原子彈可行性的著名備忘錄相提並論。

喬依定眼凝視人類的遠景。與其說是擔心遺傳學和生物科技在這十年內會把我們帶到何處——如基因組的誤用、個人引發的生物恐怖行動等等——喬依的不安集中在奠基於物理學的科技，會爲遙遠的未來帶來什麼威脅。他特別憂心的是，當電腦和機器人的能力超過人類之後，隨之而來的「失控」後果。他最關心的不在新科技被惡意誤用，而僅是遺傳學（genetics）、奈米科技（nanotechnology）及機械人學（robotics）（三者合稱GNR科技）的發展可能難以控制，進而「取代我們」。

喬依的藥方是「捨棄」可以使這些威脅成爲事實的研發工作：「如果我們能站在同爲一個物種的角度來思考，對於我們想要什麼，我們想朝哪裡去，以及爲什麼達成共識，就能降低人類未來面對的危險——如此一來就有可能了解，我們能夠和應當捨棄掉什麼。要不然，我們很容易就想像得到，會有一場GNR科技發展的競賽，和二十世紀的〔核子〕科技競賽如出一轍。這也許是最大的風險，因爲競賽一旦開啓，就很難止住。這一次——和曼哈頓計畫的時代不同——我們不是在作戰，不是面對威脅人類文明的執拗死敵；而是被我們的習性、慾望、經濟體系，以及我們對智識的競爭所驅使。」

正如喬依的領悟，要達成共識，確認特定類型的研究潛藏太大的危險因而必須放棄，並非易事；甚至於什麼是緊急的必要之務，借用喬依的詞彙，人類也罕能「因同爲一物種而所見相同」。確實，即使開明的人也很難知道研究的界線在哪裡。因此，取捨能否夠「細緻」（fine-grained），區別出良善的和危險的計畫？一般說來，簇新的科技及發現會顯現短期的用途，但也可能是走向喬依所稱長期夢魘的路子。同樣的科技，既可能催生貪婪的「奈米機械生物」(nonobot)，也可能創造出抵抗它們所需的奈米疫苗。如果祕密團體追逐的是有危險性的研究，萬一沒有其他的人在這方面有專長，就很難發明相抗衡的手段。

即使全世界的科學院校都同意，某個方向的研究會有令人不安的「黑暗面」，而所有的國家一致明文禁制，那麼，怎樣才能有效執行禁令？國際性的暫時禁令確實可以讓某個研究方向慢下來，即使不能完全止住。當我們基於倫理的理由禁止某些實驗，不管執行程度爲百分之九十九，或甚至只有百分之九十，總比完全沒有禁令好得多；但若是極度危險的實驗，落實的程度要近乎百分之百才能使人安心：甚至於只要一次致命病毒的外洩就能造成浩劫，一場奈米科技的災難亦然。儘管費盡心思執法，還是有幾百萬人在使用禁藥；藥頭也有幾千幾萬人。有鑒於控制藥物走私或凶殺案件的失敗，當瓶中的精靈[28]已被放出，期望能完全不受生物學失誤及生物恐怖活動的威脅，是不切實際的想法：除非動用令人難以接受的方法，例如侵入式的全面監視，否則風險依舊存在，無法消除。

與喬依相比，我的悲觀是短期性的，而從某些方面來說，卻又比他更深。他關心的是要防止有一天超級智慧的機器人取代人類，或者整個生物圈變成「灰膠」。但是在獲得這些臆測性的未來能力之前，可能先因爲誤用今日已有或者可望在二十年內出現的科技，導致人類社會支離破碎。說來很諷刺，唯一令人稍感寬慰的是，如果這些短期的恐懼變成現實，奈米機械及超越人類能力的電腦所需要的超先進科技也許會遭受不可逆轉的反挫，因而保障我們不會遇到最令比爾．喬依感到煩惱的情節。

7 小行星撞擊——不可忽略的天災底線

巨大的小行星撞擊帶來的危險要比墜機爲大，可是人類自己引發的威脅日漸增加，比起所有自然界的危機都更令人不安。

一九九四年七月，幾百萬人透過網際網路觀看太空望遠鏡的影像，那是前所未見、規模最大也最戲劇性的「飛濺」（splash）場面。一顆大型彗星的碎片猛然撞上木星，之後好幾個星期都可以看到上頭的「疤痕」——一個疤痕代表一次猛烈的撞擊，這些暗點比整顆地球還要大。這顆慧星以發現者的姓氏命名，叫做「蕭梅克－利維」（Shoemaker-Levy），一九九三年天文學家便觀察到它大約碎裂爲二十片，並計算出這些碎片的運行軌道將會撞上木星，因此做好準備，在預測的時間觀察撞擊①。

這段情節凸顯出地球面對類似的撞擊時，將會不堪一擊。地球這個目標比太陽系的巨人木星小，可是彗星及小行星經常近到形成危險。約在六千五百萬年以前，地球被一枚寬度約爲十公里的物體撞擊。這次撞擊釋放的能量之大，相當於一百萬枚氫彈；引發了山崩地裂的全球性地震，以及巨大的海嘯；把無數碎礫拋到大氣層的上頭，多到完全遮蔽太陽一年以上。人們相信這就是導致恐龍滅絕的事件。傷疤還留在地表上：這次巨大的撞擊沖刷出墨西哥灣的齊克蘇路（Chicxulub）隕石坑，幾乎有二百公里寬。

有兩種不同種類的「流氓」物體在太陽系中橫衝直撞：彗星及小行星。彗星的成分大多是冰與凍結的氣體，例如氨及沼氣（甲烷）：經常被形容爲「髒雪球」。大多數的彗星一生都潛伏在太陽系寒冷的最外緣，比海王星及冥王星更遙遠，我們根本看不到；可是有時它們會以近乎輻射式的軌道朝太陽直衝，受熱會使一些冰蒸發，釋放出的氣體和灰塵反射陽光，造成醒目的「尾巴」。較不易揮發的小行星由岩石材質組成，以近乎圓形的軌道繞行太陽，大多數都位於火星和木星的軌道之間，和地球有一段安全距離。可是有些所謂「近地物體」（near-Earth objects, NEO）的軌道會和地球的公轉軌道相交。

這些近地物體的大小落差很大，從寬逾一百公里的「小型行星」（minor planet）到小石粒。十公里大小的小行星是全球性浩劫及大滅絕的前導部隊，撞上地球的機率約爲每五千萬年到一億年一次。最近一次這種強度的撞擊，可能就發生在六千五百萬年前的齊克蘇路。還有兩個類似的碩大隕石坑，一個在澳大利亞的塢特雷（Woodleigh），另一個在加拿大魁北克附近的曼尼夸干（Manicouagan），可能是兩億到兩億五千萬年前規模相當的撞擊遺跡。也許其中之一造成了最大的一次物種滅絕，發生於兩億五千萬年前的二疊紀／三疊紀之交。（在這些撞擊發生的時候，大西洋還沒有打開，地球的大部分陸地都還在一個稱爲「汎蓋亞」〔Pangaea〕的大陸裡頭②。）

小一些的小行星（其撞擊的毀滅性較小）更常見：一公里寬的近地物體比能引發物種滅絕的十公里寬小行星要多上一百倍；一百公尺大小的物體則可能還要再多上一百倍。著名的亞歷桑那州伯林節（Barringer）隕石坑，是被約一百公尺寬的小行星於五萬年前左右撞出來的；在澳大利亞的沃爾夫溪（Wolfe Creek）也有一個類似的隕石坑，撞擊時間約於三十萬年前。五十公尺寬的近地物體似乎每隔一世紀擊中地球一次。一九〇八年，通古斯加（Tunguska）隕石毀了西伯利亞一處人跡罕至的地方，它的飛行速度高達每秒近四十公里，撞擊力相當於四千萬噸的炸藥。它在大氣層的高空氣化及爆炸，把幾千平方公里的樹林夷爲平地，可是沒有留下隕石坑。

不可忽略的低度風險

我們不知道二十一世紀是否有一顆「我們榜上有名」的大型危險近地物體，注定要撞上地球。可是我們很清楚有多少小行星和地球的軌道會交叉，因此可以算出撞擊的機率。這個風險不致於大到讓我們晚上睡不著覺，可是也沒有小到可以完全置之不顧。本世紀之中在地球上的某處發生通古斯加規模的撞擊，機率是百分之五十。但由於地球的表面大都是海洋或人口稀少的地方，因此撞上人口稠密地區的機率還會更小：可是一旦發生，將能造成數百萬人的傷亡。

以整體世界而論，洪水、龍捲風及地震所籠罩的危險更大。(確實，本世紀最慘重的地區性天災可能是東京或洛杉磯發生大地震，除了立即的破壞之外，還會造成世界經濟遭受長期的「餘波盪漾」。) 可是，對於不住在最易受地震及颱風侵襲地區的歐洲及北美人來說，小行星撞擊的確是頭號的天然風險。主要的危險不是來自通古斯加式的事件，而是來自更爲罕見、但能毀滅更大區域的撞擊。

舉例來說，如果現在你二十五歲，預期未來大約還能再活五十年。要成爲巨大的小行星撞擊之受害者的機率，就是在接下來五十年內發生一次撞擊的機率。在那一天降臨之前，一顆半公里寬的小行星撞進北大西洋，引發海嘯摧毀北美及歐洲濱海地帶的機率爲千分之一；或者撞進太平洋，而在東亞及美國西部造成類似的結果。我們（以及其他幾百萬人）的生命會以這種方式結束的機率，與一個人會死於空難的平均機率一樣——當然，如果你住的地方靠近海邊，小一些的海嘯就有可能讓你喪命。

這種事的風險不高，但不會比政府得設法防範或減少損害的危險來得低。最近有一份受英國政府委託而做的近地物體報告，陳述了以下的情形：「如果世界上四分之一的人口有遭到一個直徑一公里的物體撞擊的風險，那麼按照目前英國實施的安全標準，即使平均每十萬年發生一次，也會明顯超越可接受的水準。如果這類的危險是一位工廠或其它活動的經營者的職責，那麼他一定會被要求採取措施降低風險。」③

如果能發現及追蹤最具危害性、將與地球軌道交錯而過的近地物體，原則上我們就有幾年的時間，來警告世人可能出現大災難。如果預測到在大西洋中部將發生撞擊，即使我們無法讓進逼的物體轉向，光是大規模疏散沿海地區就可以挽救數千萬人的生命。國際間每年花上數十億美元去做天氣預報，因而可以預測颶風；由此可見，似乎值得花個幾百萬元以確保（更不可能出現，可是有更大毀滅性的）超級大海嘯——就如電影《彗星撞地球》（*Deep Impact*）的情節——不會在我們不知不覺中襲來。

降低風險？

還有另一個動機，促使我們去觀測所有的近地物體並列冊管理：長期觀之，有可能讓這些流氓物體轉向，遠離地球，但先決條件是要精確知道它們的軌道；而此精確度來自預先長期追蹤其運行軌跡。亞瑟・克拉克（Arthur C. Clarke）的小說《邂逅拉瑪》（*Rendezvous with Rama*）描述一起類似通古斯加的事件，把義大利北部夷爲平地④。（克拉克把這場浩劫發生的時間設定在二〇七七年，而日期呢？無巧不成書，是九月十一日。）「在最初的震憾之後，人類的反應是過去從未展現的決心與團結。這類的災禍在一千年之內可能不會發生兩次——可是也可能明天就發生。很好；那就不會有下一次了。不能讓大到能釀成浩劫的隕石再次撕裂地球的防禦網。太空防護計畫（Project Spaceguard）於焉開始。」

不僅能預先發出警報，甚至於可以保護我們不受小行星撞擊的「太空防護」式計畫，不必然是科幻小說的題材：它們可能會在五十年之內付諸執行⑤。如果我們在數年前就知道有一枚近地物體正朝地球而來，今日的我們只能束手無策。可是再過數十年，我們可能就有能力改變它的軌道，確保這個「流氓」物體不會造成危險⑥。對於來襲的撞擊愈早提出預警，需要改變其飛行方向、使之不撞上地球的幅度愈小。如果我們對小行星的成分與結構尚無透徹認識，就冒險嘗試去改變其軌道實在太過輕率。有些小行星是堅實的巨石；其它的（也許大多數）都是疏鬆的石堆，單靠本身的「黏性」或微弱的引力聚集成形。如果是後者，嘗試把它從路徑上推開（特別是用一些猛烈的方法，例如核爆），可能會讓它碎裂成許多塊，加總起來對地球會造成比原來單一的小行星更大的危險。

要應付彗星，困難更大。有一些慧星（如哈雷彗星）一再回到太陽系，它們的軌道已經被詳細描繪出來，可是大多數都來自遙遠的太空深處，讓我們預警的時間不超過一年。同時，它們的軌道飄忽不定，因爲上頭氣體噴發和碎片斷裂脫離的方向難以預測。基於這些原因，彗星帶給我們的是一種難以處理、甚至可能無法克服的危險。

針對小行星撞擊等不太可能發生的浩劫的嚴重性，麻省理工學院的教授理察・賓澤爾（Richard Binzel）制訂了一項指數，在義大利杜林（Turin，義大利文爲Torino）舉行的國際會議中正式通過，現在稱爲托里諾標度（Torino Scale）⑦。它和表示地震規模的芮氏（Richter）標度相似。然而，托里諾標度上的級數把一起事件的發生機率和規模都算進去：一項潛在威脅的嚴重程度，取決於發生機率乘上眞的發生後帶來的破壞量。標度的級數從一到十。一顆五十公尺的小行星，例如一九〇八年在西伯利亞上空爆炸的那一顆，如果確定會擊中我們，在標度上的數値爲八；一公里的小行星則爲十，可是如果我們對它的軌道所知不多，只是預測它將以一百萬公里之內的距離經過地球，則指數降爲八。地球只有一二七五〇公里寬，因此擊中「靶心」的機率只有萬分之一。

某一事件的托里諾指數會隨著證據增加而變更。例如，颶風的路徑一開始也許很難預測；但隨著它的移動，我們就愈來愈有信心能預測出它會不會掃過一個人口稠密的島嶼。同理，當我們追蹤近地物體的時間愈長，預測其未來飛行軌跡的精準度便會愈高。在粗略估算出會對地球造成危險的軌道上，經常都能發現大型的小行星。然當它們的軌道確認無誤後，通常我們都有信心不會被擊中，因此托里諾指數降到接近於零。不過，在少數的個案中，當不確定的區域縮小之後地球仍然在被擊中的範圍之內，我們就有理由更加擔心，而托里諾指數也會升高，也許在八到十之間。

近地物體撞擊專家們現在設計出一個更精緻的指數，稱爲巴勒摩（Palermo）標度，將多久的未來可能發生撞擊也列入考慮。要知道我們該有多擔心，這是比較好的標度⑧。例如，如果我們知道有一枚五十公尺的小行星會在明年撞上地球，其巴勒摩指數就會很高，可是如果我們有同樣的信心水準，確定撞擊會在（比方說）二八九〇年發生，我們的焦慮程度就不會提高。這不是單純因爲我們可以把未來的風險打個折扣（特別是在這麼久遠的未來，那時我們都已死了），而是因爲從平均定律來看，我們可以預期在那之前會先有好幾個類似的小行星引起通古斯加規模的事件。

適度監視幾千個有威脅性的大型近地物體，絕對有其價值。如果結論是未來五十年內，其中任何一個都不會襲擊地球，我們所得到的心安程度就抵得過所有投資的總和了。如果結論沒那麼令人放心，我們至少可以做些準備；再者，如果預測的撞擊時間（舉例來說）是從現在算起的五十年內，可能還有充分的時間，開發出讓這個流氓物體轉向的科技。如果其中之一朝地球直接撞來，即使我們不能期望更早獲得預警，提昇對小型近地物體的統計知識也很值得。

超級火山爆發

除了小行星和慧星撞擊這些永遠都存在的風險之外，還有其他更難做長期預測、也更難去預防或逃避的天然浩劫：例如，極端猛烈的地震及火山爆發。後者包括一種罕見的「超級火山爆發」，要比一八八三年印尼的克拉卡托亞（Karakatoa）火山爆發強上好幾千倍，會把幾千立方公里的碎礫推到大氣層的上部。美國懷俄明州有個八十公里寬的火山口，是大約一百萬年前發生的這類事件的遺跡。而比較晚近的是七萬年前蘇門答臘北部的超級火山爆發，留下來一個一百公里寬的火山口，噴發數千立方公里的火山灰，遮蔽陽光達一年以上。

然而，這些猛烈的大自然浩劫有兩個面向多少可以令我們放心。第一，巨大的小行星撞擊和火山爆發都很罕見，因此理性的人對此都不太杞人憂天（然而，如果技術上可行，還是值得投注相當程度的心力以求進一步降低風險）。第二，情況不會更糟：我們對它們的了解要比過去的世代都多（現在的社會也比以前更趨吉避凶），可是人類的一切作爲都不可能提高遭受小行星撞擊或超級火山爆發的風險。

相形之下，人類引起的環境危機快速增加，在最悲觀的情況下可以嚴重幾千倍，因此這些自然風險不過是做爲「校準」（calibration），備而不用。

8 第六次大滅絕——人類對世界的威脅

人類的各種活動引發了什麼環境的變化，我們仍然不太瞭解，或許會比來自地震、火山爆發及小行星撞擊的「底線」威脅更嚴重。

威爾森（E. O. Wilson）在他的著作《生物圈的未來》（*The Future of Life*）中設定的場景，凸顯出「地球太空船」的複雜、脆弱：「科學家們稱爲生物圈、神學家稱爲受造之物（creation）的全體生命，是一張包覆地球的生物薄膜，薄到從太空梭上看不到邊，可是內部極爲複雜，其中大多數的物種都尚未被發現。」①

人類正使得地球上動、植物的多元性逐漸枯竭。當然，物種的滅絕本來就是演化及天擇的一環：所有在地球上游過、爬過，或者飛過的生物，今天還存在的不到十分之一。令人驚奇的物種演化過程（當中出現過的物種，大多已經滅絕），沿著凌亂的天擇之路，從單細胞生物一直發展到我們今日的生物圈。有十億年之久，原始的「蟲」（bug）呼出氧，改變年輕的地球上（對我們來說）有毒的大氣，掃除路面障礙，迎接多細胞的生命形態——相對的新來者——以及人類的出現。

要掌握到地質時間的長度，以及和人科動物的歷史相比之下，地質時間有多漫長——更別說和又短上許多的人類信史相比——需要有跳躍式的想像力。（在流行文化中，這些巨大的時間斷裂有時會消失，例如在老電影《洪荒時代》〔*A Million Years BC*〕中，拉奎爾・魏爾區〔Raquel Welch〕在恐龍之間蹦蹦跳跳。）

我們從化石得知，在五億五千萬年前的寒武紀中，有極其豐富或游或爬的東西演化出現，後來發展成多元紛呈的物種。接下來的兩億年，陸地綠化，爲怪異的生物提供了棲息地：和海鷗一樣大的蜻蜓，一碼（約一公尺）長的節肢動物，巨大的蠍子以及像烏賊的大海怪。然後恐龍到來。牠們在六千五百萬年前突然退場，將舞台讓給哺乳類，輪到猿猴及人類登場。一個物種可以延續數百萬年；一般說來，即使發生速度最快的天擇也要幾千代才能改變物種的外貌。（當然，浩劫式的事件可以引發動物口數的巨大變化；例如，小行星撞擊可以導致瞬間滅絕。）

第六次大滅絕

地質紀錄顯示，地球發生過五次大滅絕。其中最大的一次發生於二疊紀／三疊紀的過渡時期，約在兩億五千萬年前；居次的一回約在六千五百萬年前，讓恐龍徹底消失。可是，人類正在促成規模和以前幾次一樣大的「第六次大滅絕」。現在物種滅絕的速度是正常值的一百倍，甚至一千倍。在人類出現之前，每年約有百萬分之一的物種滅絕；現在的速度則是接近千分之一。有些物種直接被殺光；可是大多數的滅絕都是因爲人類在無意之間改變了生物的棲息地，或者在某個生態系中引入非原生的物種。

生物的多元性正遭受破壞。物種滅絕之所以可嘆，不僅是出於美學和情感上的理由，也在於那些所謂魅力獨具的脊椎動物——極少數長了羽毛、毛皮，或者海中雄偉的物種，竟能引發人類如此狂熱的心態。即使從最實用的層面來看，我們也正在摧毀可能對人類有用的基因多元性。誠如羅柏·梅（Robert May）所說，「我們在學會讀書之前，就把書燒了。」②大多數的物種甚至都還沒分門別類。本福得提出「生命圖書館」（Library of Life）的計畫，建議趕緊去蒐集、冰凍及貯藏熱帶雨林中完整的動物樣本，不是以之替代保護大自然的方針，而是作爲一種「保單」③。

生物科技的進展爲生物圈帶來更大的威脅。例如，養殖場中的鮭魚經過基因改良，長得又快又大，一旦逃到野生的環境去，天然的魚種競爭不過牠們。最糟的是不小心釋出新的疾病，可能會把某個物種完全消滅。最重要的是，大自然的豐富性快速瀕臨消失，意味著我們對這顆行星的管理宣告失敗。

可是，渴望一個未經破壞的「大自然」卻又太過天眞。我們當中許多人珍愛也最能理解的環境——以我的情形，就是英國的鄉間——是一種人造的產物，是幾個世紀以來密集種植的結果，因爲農人和園丁引進許多非原生的植物及樹木而豐富起來。即使北美「老西部」的景觀也和自然的狀態相去甚遠。遠在歐洲人入侵之前，印第安人已經把地形改變了：「猛砍及火燒」的作法至少延續了一千年之久，使得這些地區更爲開闊，樹林比原始的狀態來得少。在二十世紀，土地的改變還更劇烈。

人口預測

人類對地球的長期性衝擊取決於人口以及生活方式。環保組織世界自然基金會

（World Wide Fund for Nature, WWF）估計一個人生活所需的土地面積或「足跡」：結論是，二〇五〇年時要維持全球人口的生活方式及消費模式，預估所需的土地面積「幾乎爲三個地球。」④這個計算結果有爭議，可能也有些偏差：例如，所謂「足跡」包括森林的面積，因爲要吸收每個人使用能源後所釋放的二氧化碳，卻完全不認爲可以改用再生能源，也不考慮二氧化碳的微量增加是可以忍受的這個合理的觀點。即使如此，坦白說，這個世界供不起所有的人口都過著目前歐洲及北美中產階級的生活方式。

從另一個極端的情況來看，也許地球可以容納一百億的人口，如果每個人都住在狹小的公寓裡，就如現在東京已經出現的「膠囊旅館」（capsule hotel），以米飯爲主的素食維生，靠電子通訊建構人際網絡，極少出門旅行，在虛擬現實中獲得娛樂與滿足，而不是靠現今奢侈的西方世界偏愛的消費主義及不斷旅遊。這樣的生活方式對能源及自然資源的需求相當少，但不見得不能和文化及科技的進展共存：確實，現在最引人注目的經濟成長動力——微型化及資訊科技——對環境都很友善。

要讓人口維持在穩定的狀態，每個女人平均要生二・一個小孩（額外的〇・一代表未達生育年齡前就已棄世的孩子）。許多已開發國家的出生率遠在這個數目之下。也許最令人驚奇的是，以天主教徒爲主的義大利出生率最低——每位婦女只生一・二個孩子。希臘、西班牙以及俄國、亞美尼亞，出生率也高不了多少。

家庭規模的劇烈縮減不只發生在歐洲。有六十餘個國家生育率都低於人口的更新率，其中非但包括持續以政治力強制「一胎化」的中國，其他沒有這類壓力的亞洲國家如日本、韓國及泰國也一樣。別的地區也在驚人地下降。例如，儘管天主教不准避孕，巴西的生育率在二十年之內已減半，成爲目前的二・三%。一九九〇年代，統治伊朗的伊斯蘭神學家公開反對聯合國控制人口的議題，可是女人們自有決定，生育率已經從一九八八年的五・五%降到二・二%。

儘管出生率低，歐洲的人口還是持續增加，一部分是因爲「人口爆炸」時代的小孩已屆生育年齡，另外也因爲移民遷入與壽命的延長。除了一些最窮的國家之外，醫學的進步與公共衛生的措施讓人延年益壽、身強體壯。

如果沒有大災難的干擾，看來到二〇五〇年之前，全球人口注定要持續增加，到時人口就會達到八十億。這項推測來自以下事實：目前在發展中國家，人口的年齡分佈明顯集中在年輕人，且就算這些人的生育率低於人口更新率（replacement rate），人口也會繼續增加。這股態勢加上都市化的傾向，將導致至少出現二十座人口超過兩千萬的「超大城市」(megacity)。

然而，女權高漲造成出生率急遽下降，使得聯合國調降對二十一世紀後半葉的人口預測。目前最好的臆測是，二〇五〇年之後人口會開始減少，也許在本世紀末時會回到目前的數值，除非醫學的進步把人的預期壽命延長到未來學家預測的程度。即使沒有任何新技術延長生命的長度，「年過半百者」也會變成歐美主要的人口。這個趨勢可能會被來自發展中國家的移民所掩蓋，尤其是在美國，人口結構的穩定化及隨之而來的衰減（如果眞會發生）將會因此延遲發生。

當然，這些外推都是以社會趨勢爲基礎的假設。如果歐洲國家眞的對人口下滑感到焦急，政府會立即設法刺激生育。反之，在超大城市中蔓延的傳染病可能造成浩劫式的人口減縮，正如我們預測會在非洲某些地區發生的情形；而到了二〇五〇年，這類的預測會被機械人學及醫學的進步徹底改變，就像科技狂熱者的想像。

如果人類眞能存活到下個世紀，而沒遇上浩劫式的逆轉，那最好的結果就是有一個人口比現在少的世界（遠比二〇五〇年達到高峰的預測値低）。

有種新的危險一定要納入這些推測之中，或許這是其他危機的預兆，也就是愛滋病。愛滋病一直到一九八〇年代才開始在人類社會中流行起來，且尚未到達高峰。非洲的四千兩百萬人口之中，據信有將近百分之十的ＨＩＶ（Human Immunodeficiency Virus，人類免疫不全病毒）檢測都呈陽性反應：預測在二〇一〇年之際，愛滋病能使七百萬人喪命，害死許多最有生產力的人，縮短男人及女人的預期壽命達二十年之多，在年輕的一代中留下數百萬心靈受創的孤兒⑤。快速蔓延的愛滋病大流行會毀了非洲；預估俄國有幾百萬個病例；中國及印度的感染總數急速上升，十年內死於愛滋病的人數就有可能超過非洲的水準。

我們能否預期有其他悲慘的「天然」瘟疫？有些專家一直要我們安心，人類不大可能再受侵害。例如保羅・依華特（Paul W. Ewald）指出，在上個世紀的全球性遷徙潮之後，人類混雜而居，讓每個人都曝露在來自世界其他地區的病原體之前，可是也只出現一種毀滅性的全球流行病症：ＨＩＶ—愛滋。其他天然出現的病毒如伊波拉（Ebola）都不經久，不足以產生難以抑遏的傳染病。可是依華特略顯樂觀的評估卻撇除了某些因生物學失誤或生物恐怖行動所引發的傳染病⑥。

變化無常的地球氣候

氣候的變化如物種的滅種一樣，是整部地球史的特色。可是也和物種的滅絕一樣，人類的行爲使其加速，令人不安。

不管以多長的時間來看，數十年也好，幾億年也好，地球氣候都經歷了自然發生的變化⑦。即使在有歷史紀錄的年代中，區域性的氣候也曾有過極大的變化。一千年以前，北歐比今天溫暖：格陵蘭（Greenland）有過農業的囤墾區，有動物在草原上吃草，可是現在完全被冰覆蓋；葡萄園曾經遍佈英國。可是也有過漫長的冷日子。這一段溫暖的時期於十五世紀時結束，接下來就是持續到十八世紀末的「小冰河期」。這段期間，泰晤士河（Thames）河面的冰經常厚到可以在上燒火；阿爾卑斯山（Alps）的冰河也向前推進。「小冰河期」對於一個爭議不休的問題可能提供了重要的線索：太陽的變化是否可以觸發氣候的輪轉。在這一段冷日子中，太陽似乎有些古怪的變化：在十七世紀下半葉與十八世紀初，有一段七十年的神祕時期，太陽幾乎沒有黑子，現在稱之爲「蒙德（太陽活動）極小期」（Maunder minimum）；蒙德是第一位發現這個現象的科學家。太陽騷動的表面上的活動——耀斑（flare）、黑子（sunspot）等等——通常昇到一個高峰，然後再次下落，有些不穩定地重覆這個循環，但週期約爲十一到十二年。此一循環對氣候有影響的說法可以追溯到二百餘年前，可是至今仍未有定論。（甚至有人聲稱經濟的循環也「追隨」太陽表面的活動。）也有人聲稱特定循環的長度——不管比較接近十一年或十二年——也會影響平均溫度。

沒有人眞正知道，太陽黑子及耀斑的活動（或不出現）如何能影響地球氣候到這種程度。黑子和太陽的磁場有關連，也和產生高速粒子撞擊地球的耀斑有關。然而，這些粒子攜帶的能量只佔太陽釋放的極小部分，可是我們應當對以下的可能性採取開放的態度：大氣層上方的一些「放大器」，可能會使這些高速粒子造成遮蓋地球的雲層產生相當大的變化。過去科學家經常陷入錯誤，否定明擺在眼前的證據，因爲那時想不出如何加以解釋。（一個再明顯不過的例子就是大陸漂移理論。歐洲、非洲和美洲的海岸線就像拼圖一樣，可以拼在一起，彷彿這些大陸曾連在一起，後來才逐漸漂開。一九六〇年代以前，沒有人瞭解爲何大陸能夠移動，有些卓越的地質學家否定了自己眼睛看到的證據，寧可接受大陸的運動可能是由某種因爲他們不夠聰明所以想不到的過程引發的⑧。）

還有其他環境的效應影響到氣候，例如大型的火山爆發。一八一五年，印尼的坦波拉（Tambora）火山爆發，把約達一百立方公里的塵土推到平流層[9]，和帶有水氣的氣體化合成硫酸液滴的煙塵。翌年歐洲及美國新英格蘭的氣候異常寒冷，因此一八一六年被稱爲「沒有夏季的一年」。（瑪麗・雪萊就是在氣候反常的這一年，蝸居在日內瓦湖畔拜倫租來的別墅中寫《科學怪人》（*Frankenstein*）——第一部現代的科幻小說[10]。）

有一項人類引發的大氣變化則完全出乎意料之外：氯氟碳化物（chlorofluorocarbons, CFC）在平流層進行化學反應破壞了臭氧層，導致南極上空出現一個大洞。罪魁禍首的氯氟碳化物使用在噴霧罐中（如髮膠）及作爲家中冰箱的冷媒，國際社會同意逐步禁用改善了問題：臭氧層的破洞正在回填[11]。可是我們眞的非常幸運，這問題這麼快就獲得補救。保羅・克魯振（Paul Crutzen）是闡述氯氟碳化物如何在大氣層上方反應的化學家之一，他指出在一九三〇年採用氯基的商用冷媒，是個科技上的意外及化學的反常事件。如果用了溴基的冷媒，對於大氣的影響會更劇烈，作用也更持久。

溫室效應造成全球暖化

和臭氧層的破壞相比，致使全球暖化的所謂「溫室效應」是一個沒有快速方法可以修正的環境問題。溫室效應發生的原因是大氣的透明度在陽光入射時比地球發出紅外線進行「熱輻射」時來得高；因此熱被困在大氣之內，有如溫室一樣⑫。二氧化碳是「溫室氣體」之一（水氣和甲烷是另外的幾種）。因爲化石燃料的消耗量增加，大氣中的二氧化碳已經是前工業時代的兩倍。有個共識是，化石燃料消耗量的累積將使得地球在二十一世紀時比不用這種燃料更熱，可是還不太清楚會熱多少。主要的溫度上升值可能在二到五度之間。沒有幾個人敢提出更精確的預測值；有許多人警告，不能排除更極端的情況。即使溫度只上升兩度——這是非常保守的估計——也可能會有很嚴重的地區性後果（例如更多的暴風雨及極端的氣候）⑬。

對於地球目前的氣候，沒有什麼「最好的」情況可說：這單純是人類文明幾世紀以來已然適應的氣候，對於共享地球環境的動物與（天然的及農業栽培的）植物亦然。迫在眉睫的全球暖化可以有險惡的破壞性，原因在於它比過去歷史中自然出現的變化發生得更快；對人類族群、，使用土地的模式，以及自然界的植物來說，快到無法去適應。全球暖化可能引起海平面上升，產生更多嚴峻的氣候，並把以蚊子爲病媒的疾病帶到高緯度地區去。（以我們人類的觀點來說）比較光明的一面是，加拿大及西伯利亞的氣候可能變得溫和宜人多了。

以「保守的最佳臆測」來看，全球持續暖化會使農業的調整、防止海水侵蝕，以及其他領域的成本增加，也能使某些地區的乾旱惡化。各國政府協同行動以緩和全球暖化的措施一定是值得的。可是，把溫度升高二或三度認爲是全球性的浩劫，則是過度誇張。它會妨礙經濟的進展，使許多國家變窮。一個國家的飢荒大多來自財富分配不均，而不是因爲全面性的糧食短缺。同樣地，藉由國際性的行動可以弱化氣候改變的後果，同時使之分佈得更均勻。

對於全球暖化來說，人口增加明顯趨緩當然是個好消息：人口減少意味（溫室氣體的）排放減少。可是大氣及海洋系統的惰性很大，以致於不管發生什麼，到二一〇〇年時平均溫度至少升高兩度還是很有可能。二一〇〇年之後任何的預測，顯然都取決於未來的人口有多少，以及人們生活、工作的方式。甚且，長期的預測更取決於新能源替代化石燃料的情形。樂觀者希望這必然發生。《持疑的環保論者》作者必昂・龍伯（Bjorn Lomborg）引用一位沙烏地阿拉伯石油部長的箴言說，「石油時代將會終結，但不是因爲沒有石油，就如同石器時代的終結，原因不是缺乏岩石。」可是大多數的專家都相信，政府規定二氧化碳排放的上限有其價值，非但因爲這些限制有直接的影響，也能刺激更有效益之可再生能源的研發。

甚麼是「最壞的情況？」

二十世紀東西方的意識形態對峙激起了核武的對抗，讓世界上大部分的人口都沒注意到緊迫的貧窮及環境危機。自古就有的「沒有敵人的威脅」（threats without enemies）（地震、暴風雨及乾旱），現在還得再加上衝著生物圈及海洋而來的人造威脅。在地球的歷史中，生物圈當然是不停地變化。可是目前的改變——污染、生物多元性的喪失、全球暖化等等——速度之快前所未見。

環境惡化的問題將會變得比今天更具威脅性，生態系可能無法適應。即使全球暖化在可能的範圍內緩慢發生，其後果——例如水源的爭奪，以及大規模的移民——可能引起緊張關係，觸發國際及地區性的衝突，特別是當人口持續成長的問題也來火上加油。再者，破壞效果不斷增強的技術，加上賦予小型團體力量的新科技，甚至可能災難性地惡化這類衝突。

大氣和海洋的交互作用如此複雜又充滿不確定性，使得我們不能忽視可能會有比全球暖化之「最佳臆測」更爲嚴酷的風險。到二一〇〇年，溫度的上升甚至可能超過五度。而更糟的是，溫度的改變可能不是只和二氧化碳濃度的增加有直接（或「線性」）關係。當越過某個臨界點之後，風的形態和洋流可能會突然出現劇烈的「翻轉」⑭。

墨西哥灣流（Gulf Stream）是所謂的「輸送帶」海流模式之一⑮，海面上溫暖的海水朝東北流向歐洲，冷卻之後再從深海回流。如果格陵蘭的冰融化了，就會釋放出大量的淡水，和鹹水混合並將之沖淡，使海水的浮力增加，甚至於冷卻之後也不會下沈。淡水的注入因此會抑制（受海洋的鹽度及溫度控制的）「溫鹽」環流（thermohaline circulation）。溫鹽環流對維持北歐的溫帶性氣候至爲關鍵。如果墨西哥灣流被截短或逆流，英國及附近的國家都會墜入近乎北極的氣候，就如現在處於類似緯度的加拿大及西伯利亞一樣⑯⑰。

我們知道過去發生過這類的變化，因爲在格陵蘭及南極的冰層上掘出的冰柱提供了溫度變異的化石紀錄⑱：每年有新的冰在最上頭凍結，把先前的冰層向下壓。在過去十萬年之中，似乎有過多次於十年或更短的時間內急速冷卻。過去這八千年裡，實際上氣候似乎穩定得頗不尋常。現在令人擔心的是，人類引發的全球暖化可能使得下一次「翻轉」更爲迫近⑲。

對西歐來說，墨西哥灣流的「翻轉」是個大災禍，即使可能有其他具抵銷性的「利多」。另一個（一般認爲不太可能的）情況就是所謂的「失控的溫室效應」，升高的溫度會導致正回饋，釋放更多的溫室氣體。地球要比現在熱上許多，海水才會眞的不可抑遏地蒸發（水蒸汽也是一種溫室氣體）⑳㉑。可是我們不能斬釘截鐵地摒除土壤中的甲烷大量釋放所引發的失控狀況（甲烷引起的溫室效應至少是二氧化碳的二十倍）㉒。這類的失控會成爲全球性的大災難。

如果我們能百分之百確定，氣候的變化不會比「線性」變化更劇烈，我們就可以安心。可是比起較不極端而發生機率較高的事件，機率低的眞正浩劫才更令人擔心。即使是想像得到最劇烈的氣候變化，也不會直接毀滅全人類，可是其中最糟的情形加上氣候形態變得更多變與極端，可以讓數十年來的經濟及社會的進展都付諸流水。

就算人類引起的大氣變化會觸發極端及突發性氣候轉變的機率只有百分之一——而氣象學家還得非常有自信才能把機率設得這麼低——就已經夠令人不安了，因此採取比京都議定書更爲激烈的預防措施也很合理（京都議定書中要求工業國家在二〇一二年時把二氧化碳的排放量降到一九九〇年的水準）。這類的威脅要比地球面對的環境浩劫底線——無論我們採取甚麼措施都不能避免的事，從小行星撞擊到最大的火山爆發——危險一百倍。

我以查爾斯王子一項嚴肅的評估爲本章作結[23]。科學家極少以贊同的口吻引用他的觀點，他說：「在人類安全所面對的挑戰中，最錯綜複雜、最有毀滅性的，是全球環境及發展所加諸的戰略性威脅。科學家們……不完全瞭解，我們從諸多層面摧殘大氣、水、陸地交織而成的結構以及其間的生物多元性，會有什麼後果。可能出現的結果要比目前科學界所做的最佳臆測更糟。長久以來，軍事政策的格言都是要做最壞的打算。爲什麼當我們談到的安全問題是地球及人類的長遠未來時，作法就如此不同呢？」

9 風險管理——最小的機率、最大的危險

可想而知，有些實驗可能會威脅到整個地球的安全。風險要低到什麼程度，才能許可這些實驗的進行？

數學家兼神祕主義者巴斯卡（Blaise Pascal）針對虔誠的宗教行爲提出一個著名的論點：即使你認爲非常不可能有一位會施加報復的上帝，你還是要小心謹慎、保持理性，表現得好像祂眞的存在，因爲付出（有限的）代價，以不在今生之中放浪形骸做爲「保險費」，讓死後無垠的可怕煎熬——永恆的地獄之火——毫無加諸己身的機會，將是值得的①。今日，這個論點已引不起太多人的共鳴，包括宣稱信教的人。

巴斯卡著名的「賭注」是「預警原則」（precautionary principle）的極端形式②。這種思路在健康及環境政策上被廣爲採用。例如，經過基因改造的動、植物，對人體健康及生態平衡的長期影響顯然仍不清楚：看似不大可能出現災難性的結果，但不能說絕對

不可能。贊成採取預警原則的人督促我們應當小心行事，而基因改造的擁護者有義務說服其他人，這些恐懼毫無根據——或者，至少因爲有某些特別而實質的益處，讓微小的風險顯得瑕不掩瑜。有個類似的論點是，我們應當斷絕揮霍能源帶來的快活日子，以減少全球暖化的惡果——特別是當這個小風險的後果遠比「最佳臆測」嚴重。

和科技的無限遠景相對立的，是形態不斷增加的潛在災難，不僅來自惡意爲之，也來自無心的疏忽。我們能想像出現某些事件——儘管不大可能——可以造成肆虐全球的致命疫病，無藥可治，或者讓社會發生難以挽回的變化。而長期來說，機械人學及奈米科技可能更具威脅性。

然而，物理學也可能有危險，這並非不可思議的事。有些實驗設計的目的是要造出比自然生成更極端的環境。沒有人確實知道會發生什麼。的確，如果實驗的結果事先就能完全預知，做實驗就沒有意義了。有些理論家甚至臆測，某些類型的實驗或許會失控，非但毀滅了人類，連地球也一起陪葬。比起人類自己引發、可能在本世紀降臨我們頭上的奈米或生物浩劫，這類的事件看似很不可能，也確實不及小行星撞擊的機率。可是，如果這類的災難眞的發生了，無論如何計算，都會比「僅僅」毀滅文明，甚至摧毀全人類還要更糟。這就引出了底下的問題：如何量化相對的可怕程度，以及應當採取（和由誰執行）何種的預警措施，以防杜發生機率無窮小、可是一旦發生會導致「近乎無窮悲慘」之災難的事件。基於與巴斯卡建議審愼行事相同的理由，我們應不應該放棄進行某種類型的實驗？

拿地球做賭注

這類普羅米修式的擔心，可以追溯到第二次大戰時的原子彈計畫。當時有些人猜想，我們是否絕對確定，核爆不會引燃全世界的空氣或海洋？早在一九四二年，愛德華・泰勒就已經思量過這問題③，而漢斯・貝特很快地計算出來，結果似乎能令人放心。在一九四五年新墨西哥州第一次「三位一體」（Trinity）的原子彈測試之前，泰勒及其兩位同僚在一份洛斯阿拉摩斯的報告中討論到這問題④。他們的焦點在於大氣中的氮可能會發生難以抑遏的反應，「唯一令人不安的特性是，『安全因子』（safe factor）隨著最初的溫度急速下降。」一九五〇年代，這項推論又導致一種擔憂之情捲土重來，因爲氫（融合）彈的確能產生更高的溫度，在氫彈首次測試之前，另一位物理學家格雷果里・布萊特

(Gregory Breit）重新研究這個問題。現在已經很清楚，當時的「安全因子」的確實非常大。即使如此，我們還是會好奇，今天這個因子的估計值要小到什麼程度，主事者才會覺得爲了愼重起見，應該放棄氫彈的測試。

我們現在很肯定，單一核武雖然具有毀滅性的力量，仍無法觸發會把地球或大氣毀滅殆盡的連鎖核子反應。（即使如此，如果動用美國及俄國全數的核武庫存，其結果之糟將甚於未來十萬年內所能預期的任何天災。）可是，有些只爲純粹的科學探索而做的物理學實驗，想像得到——或者有人這麼宣稱——可能會對全球、甚至全宇宙性造成威脅。這些實驗提供我們一個有趣的「個案研究」，如果一個實驗有極不可能發生、但並非難以想像的浩劫性「負面結果」，誰應當（以及如何）決定是否許可實驗的進行，尤其是連頂尖的專家對自己的理論也沒有足夠的信心，提不出公衆理所當然會期望、令人信服的保證。

大多數的物理學家（我自己也算在內）都會認爲，這些威脅非常、非常不可能實現。但重要的是，先要了解這種看法的意義是什麼。機率有兩種截然不同的意義。首先，對基本過程已經有清楚的了解，或者要研究的事件在過去已經發生過許多次時，可以得出堅實而客觀的估算。例如，很容易算出把一個公平的硬幣丟十次，一連擲出十個人頭的機率略小於千分之一；在麻疹流行期間染病的機率也可以量化，因爲即使我們不了解所有關於病毒傳播的生物學細節，但有早期許多次的傳染病大流行的資料。可是還有第二種的機率，僅僅反映出一種根據資訊而做的推測，當我們知道得更多，這種推測而得的機率也可以改變。（例如，不同專家所提對於全球暖化的後果評估，都是類似的「主觀可能性」估計。）在刑事偵查中，警方也許會說屍體「似乎很可能」或「極度不可能」被埋在某處。可是這只反映出根據手邊的證據押中的機率。進一步去挖掘時，就能揭曉屍體是否在那裡，之後的機率不是一就是〇。當物理學家在思考一件從未發生過的事，或一個不太了解的過程時，他們能給的任何評估都類似第二種的機率：一種根據資訊而做的推測，爲已然建立的理論所支持（通常都是強力支持），即使如此，根據新證據和新洞見的出現，隨時有修正的可能。

我們的「最終」實驗？

物理學家眼前的目標，是要了解組成這個世界的粒子，以及支配這些粒子的力量。

他們渴望去探測最極端的能量、壓力及溫度·，爲了這個目的，他們建造了巨大而精巧的機器——粒子加速器（particle accelerator）。要讓能量極度集中，最好的方法就是把粒子加速到近乎光速，然後讓它們互撞，尤其以使用非常重的原子最佳。例如，金原子的質量接近氫原子的兩百倍，原子核中有七十九個質子及一百一十八個中子。鉛的原子核更重，有八十二個質子及一百二十五個中子。當兩個這樣的原子互撞時，其中的質子及中子內爆所達到的密度與壓力，遠高於在正常的金或鉛的原子核中。之後它們可能碎裂爲更小的粒子。按照理論，每個質子及中子由三個夸克所組成，因此會釋放出超過一千個的夸克。粒子加速器可以在小宇宙中複製出「大霹靂」之後第一微秒的情況，那時宇宙中所有的物質都被擠入一個所謂「夸克—膠子的離子體」（quark-gluon plasma）⑤。

有些物理學家提出一種可能性，認爲這些實驗的結果可能會比撞碎幾個原子糟得多，例如摧毀我們的地球，甚或整個宇宙。這樣的事件是本福得的小說《新宇宙》（*COSM*）的主題，書中描寫在布魯克海文（Brookhaven）實驗室進行的一項實驗毀了加速器，創造出一個新的「微宇宙」（令人欣慰的是，這個微宇宙仍然被裝在一個夠小的球體中，讓創造它的研究生可以隨身攜帶）⑥。

能夠讓能量前所未見地集中的實驗，可以——想像得到，但非常不可能成真——引發三種殊異的災難情節。

也許會形成一個黑洞，然後把周遭一切通通吸進去。按照愛因斯坦的相對論，就算要造出最小的黑洞，所需的能量也遠比這些撞擊所能產生的大得多⑦。然而，有些新理論在三度空間之外引入更多的維度；結果之一就是會加強重力的作用，使得小物體要內爆成黑洞變得比我們原先認爲的容易些。可是同樣一批理論也指出，這些黑洞可能仍舊無害，因爲它們幾乎一生成就會毀損，而不會把更多周遭的物質吸入其內⑧。

第二個駭人的可能性是，夸克可能重新組合成一個高度壓縮的東西，稱爲「奇子」(strangelet)。奇子本身並無害；它比一個原子小得多了。可是危險在於，奇子可能透過接觸傳染的方式，把所有它碰到的東西都轉換爲新形態的物質。在克特·馮納古（Kurt Vonnegut）的小說《貓的搖籃》（*Cat's Cradle*）中，五角大廈的一位科學家製造出一種新型的冰，稱爲「冰九」（ice nine），在常溫下爲固態；當它從試驗室外洩後，「感染」了所有天然的水，甚至連海洋都凝固了。同樣地，一場假想的奇子災難可能把整個地球轉變成無生命的超密度球體，大約只剩一百公尺的寬幅⑨

第三種來自這些撞擊實驗的風險更奇特，而且具有最大的潛在危險性：吞沒空間本身的浩劫。空的空間——物理學家稱爲「眞空」（the vacuum）——而不是「空無一物」（nothingness）。空間是一切事件發生的舞台，所有控制我們這個實體世界的力及粒子潛藏其中。有些物理學家甚至懷疑空間能存在不同的「相」（phase）之中，就像水有固、液、氣三態一樣。再者，目前的眞空可能非常脆弱及不穩。有個類比是「過度冷卻」（super-cooled）的水。如果水很純而且靜止，可以把水冷卻到正常的冰點之下而不結冰；可是只要很小的局部擾動——例如一粒灰塵掉進去——就可以觸發過度冷卻的水轉變爲冰。同樣地，有些人臆測粒子相撞時造成的濃縮能量，也會觸發一種能撕裂空間結構的「相變」（phase transition）。這個新型眞空的邊界可以像一個膨脹的氣泡向外擴散，在氣泡中原子無法存在：對我們、地球，甚至對於廣闊的宇宙說來，這是一種「幕」（curtain）；最後，整個銀河系及其外的星系都被捲入其中。而我們絕不會看到這場災禍的降臨。這個新型眞空的「氣泡」以光速前進，因此不會有大難即將臨頭的預警訊號。這將是一場宇宙級的大災難，不光地球會遭殃。

這些情節聽起來很怪異，可是討論它們的物理學家態度很是嚴肅。最受歡迎的理論能令人心安：這些理論暗示風險等於零。可是我們不能百分之百確定，眞正會發生的是什麼。物理學家可以天馬行空，提出和我們所知一切都不矛盾的另類理論（甚至還能寫出方程式），因此不能徹底排除這些理論的眞確性，可是這等於認同其中一種浩劫會發生。這些另類理論也許算不上超越時代，但是否眞離譜到我們不必去擔心的地步？

回溯到一九八三年，當時的物理學家已經對這類高能實驗產生興趣。當我在普林斯頓的高等研究院客座時，一位荷蘭的同僚皮亞特・赫特（Piet Hut）同樣也是客座，後來他成爲該校的教授。（戴森長期在普林斯頓擔任教授，他們的學風是鼓勵「開箱不問就用」（out of the box）[10]的思維及臆測方式。） 赫特和我都了解，檢視某個實驗是否安全的方法之一，就是去看看大自然是否已經替我們做過了[11]。結果發現，類似一九八三年間正在規劃的撞擊實驗，在宇宙中司空見慣。整個宇宙之中充滿了被稱爲宇宙射線（cosmic rays）的粒子，在宇宙中以近乎光速的速度飛行；這些粒子經常在太空中和其他的原子核相撞，猛烈的程度要比目前任何實驗的情況都大得多。赫特和我的結論是，空的空間不可能脆弱到可以被物理學家的加速器實驗撕裂。要不然，宇宙不可能存在這麼久，久到人類能夠出現。可是，如果這些加速器的威力可以大上一百倍——目前受限於經濟上的考量，因此還不可能辦到，但如果能發展出聰明的新設計，也許負擔得起——屆時這些擔心的情緒或許會捲土重來，除非我們的了解程度進步到單從理論就可以做出更爲紮實、更能令人心安的預測。

更近一些的時候，當美國的布魯克海文國家實驗室及日內瓦的CERN實驗室（歐洲核子研究中心）雙雙宣佈，要進行歷來力量最強大的原子互撞實驗時，過去的這股恐懼又再度浮現。當時布魯克海文實驗室的主任約翰·馬伯格（John Marburger。譯註：現任小布希總統的科學顧問）要求一群專家深入研究這個問題。他們考慮的結果跟赫特與我的想法一樣，再度確認不會有空間結構被撕裂、引發世界末日的威脅⑫。

可是這些物理學家對於奇子的風險卻不是這麼有信心。能量相等的撞擊的確在宇宙中發生過，可是相關的條件和在地球上計畫要做的實驗不同；這些不同之處可以改變過程失控的可能性。

大多數「自然」的宇宙撞擊都發生在星際空間，這個環境的密度極爲稀薄，即使產生奇子也很不可能和第三個原子核相撞，因此沒機會造成不可抑遏的反應。（這些高能粒子）撞擊地球也和加速器中的撞擊有一點本質上的不同，因爲來襲的原子核會被大氣擋住，而大氣中不含重的原子，例如鉛及金。

然而，有些快速移動的原子核會直接撞上月球堅硬的表面，而月球的表面確實含有這類原子。這樣的撞擊在整部月球歷史中發生不止一次。可是月球還在，布魯克海文報告的作者們因而提出這項無可爭論的事實，做爲撞擊實驗不會毀滅全人類的保證。但即便是這些撞擊，也和布魯克海文加速器將進行的實驗有一點很重要的區別。當一個高速的粒子撞碎在月球表面上時，它是和一個幾乎完全靜止的原子核撞擊，並給它一個反作用力。撞擊所產生的奇子也會分到一部分的反作用力，因此會被急速推出月球。相形之下，加速器的實驗牽涉的是對稱的撞擊，兩個粒子「迎面對撞」[13]。沒有反作用力：奇子沒有淨運動，因此可能有更多的機會逮到附近的物質。

因爲這實驗會產生自然界中從來沒有發生過的情況，唯一的保證來自兩項理論。第一，即使奇子眞能存在，理論家還是認爲不大可能在猛烈的碰撞中形成：比較可能的是，碰撞之後碎片會分散，而不會重新組合成一塊。第二，即使形成了奇子，理論家預期它們帶的是正電荷。從另一方面來說，要奇子的增生一發不可收拾，它們必須帶負電（才能吸引、而非排斥週周遭帶正電的原子核）。

因此，最好的理論臆測可以使我們安心。理論家雪爾頓・格拉蕭（Sheldon Glashow）和能量及環境問題的專家理察・威爾孫（Richard Wilson），扼要地爲這情況做了以下的總結：「如果奇子存在（這是可以想像的），如果它們能形成相當穩定的團塊（不太可能），而且如果它們帶負電荷（雖然理論強烈傾向認爲它們會帶正電荷），如果〔布魯克海文的〕相對論性重離子碰撞器（Relativistic Heavy Ion Collider）可以製造出微小的奇子（極度不可能），那麼就可能有問題。一個新產生的奇子可以吞掉原子核，不斷地成長，最後把整個地球都吞沒。但是，無論說多少次的『不大可能』，也不足以平息我們對這種總體災難的恐懼。」⑭

什麼是可被接受的風險？

加速器的實驗並未讓我們夜不成眠。確實，我不知道有任何物理學家對它們表露出一絲一毫的焦慮。可是，這些態度不過是基於相關科學知識的主觀評估。正如格拉蕭及威爾孫清楚分析的，這些學理論點所依賴的是機率而不是確定性。沒有證據顯示，一模一樣的情形曾在自然界中出現過。我們不能百分之百保證，奇子不會導致一場失控的災難。

布魯克海文報告⑮（和日內瓦CERN的科學家針對該實驗室中歐洲最大的加速器所提出的報告相似）讓我們心安。可是，即使完全接受他們的推論，也很難獲得足夠的信心水準。他們估計，如果這實驗進行十年，發生浩劫的機率小於五千萬分之一。這個可能性看起來令人印象深刻：發生災難的機率比在英國買一張樂透就中頭彩的機會（約爲四千萬分之一）還要低。可是，如果它不幸的一面是滅絕全世界的人口，而得益的僅有「純」科學，這種保證就不夠。量度一項威脅之嚴重程度的天然方法，就是把它的機率乘以置身險境的人口，專家以此方法計算出死亡人數的「預期數字」。全世界的人口都會受到威脅，因此預期的死亡人數（技術性意義的「預期」）高達一百二十（這數字得自六十億的全球人口除以五千萬）。

顯然，如果知道一項實驗的「附帶結果」是會有一百二十人死亡，就不會有人贊成。當然，這和我們聽到的說法很不一樣：我們被告知，殺死六十億人的機率是五千萬分之一。是否這種預期較能被接受？我想，我們大多數人仍舊會感到不安。我們對於自願曝露其中，或者能看出有些補償性回餽的風險，就會較爲寬容。但這兩種情形在此都不適用（除了那些對可以從實驗中學到什麼眞正感興趣的物理學家們）。

我的劍橋同事阿瑞恩・肯特（Adrian Kent）強調過第二種因素：這個狀況必然的後果，是萬劫不復、徹徹底底的滅絕。我們期盼死後能夠留下某些生物或文化的遺產——對人類而言這是最重要的；希望我們的生命及作爲可以成爲天地間生生不息之過程的一部分，這些願望都會完全粉碎。更糟的是，它會讓所有未來世代的人類（其數目可能比現在更多）沒有誕生的機會。因此我們可以認爲，把全世界的人口消滅殆盡（事實上被消滅的不光是人類，而是整個生物圈）要比一個人的死糟糕六十億倍。所以，我們在批准進行這類實驗之前，也許應當針對可能產生的風險設下更嚴格的門檻。

要如何平衡未來「可能存在的人」與現在既存的人之權利與利益，哲學家們辯論已久。對某些人而言，例如叔本華⑯，認爲讓世界毫無痛苦地灰飛煙滅根本不是罪惡。可是強納森・雪爾（Jonathan Schell）的回應才會引起大多數人的共鳴：「那些命中注定要滅絕的人不會感覺到毀滅，此話雖然爲眞——尙未出生的，還是沒出生——可是我們不能說，和滅絕相對的生存也是同樣的情形。如果我們讓未出生的人無法來到世上，他們永遠不會有機會悲悼自己的命運，可是如果我們讓他們擁有生命，他們有許多的機會感到高興，因爲自己得以出生，而不是在出生之前就被我們給謀殺了。我們最希望的是，人類出生是因爲自己的緣故，而不是爲了任何其他的理由。其他一切——我們爲後代提供一個像樣的世界，讓他們生活於其間的意願，以及在共有的世界中過著像樣的生活的意願，而這個世界因爲後代安全無虞才得以穩固——都來自這個信念。生命第一，其他的都次之。」[17]

誰該做決定？

除非公衆（或其代表）普遍認爲風險在可接受的範圍內，否則想像得到可能有「末日惡果」的實驗都不應該進行。在這段故事中，理論家的目的似乎是要使大衆自認他們杞人憂天，而不是去做客觀的分析。大衆有權要求更多的保障。對於能夠毀滅世界的風險，即便至微至小，也不能只是草草率率地估計。

少數科學家對這個問題有過發人深省的言論，法蘭西斯可・卡洛格羅（Francesco Calogero）是其中之一，他不僅是物理學家、普格瓦什會議的祕書長，長期以來也積極推動限武。他如此表達自己的關切：「我有點不安，因爲在討論這些問題時聽不到中肯的聲音……有許多，其實是大多數〔我在私下討論過及交換過意見〕的人，似乎比較關心自己或他人所言所寫的公關效應，而非把事實做具備充分科學客觀性的呈現。」⑱

一個社會暴露在頗具風險的事件中，其負面效果趨近於無窮大，人們卻一無所悉，這樣的社會要如何自保？卡洛格羅建議，沒有預先做過演練，不應批准有這類危險的實驗；而這項演練類似在其他脈絡中的風險分析：有一群故意唱反調、設想最壞情況的「紅隊」專家（不包括任何眞正提議進行實驗的人），以及另一群試圖找出對策或反駁論點的「藍隊」專家。

當我們的目的是去探測所知甚少的「極端」物理情況時，很難完全排除什麼。我們永遠都確定我們的推論足以提供一百萬比一、十億比一，甚至一兆比一的信心水準，讓人安心嗎？理論上的論點很少能讓人這麼寬心：它們絕不會比它們所根據的假設更為牢靠，只有莽撞、過份自信的理論家才會押他們的假設有十億比一的機率為眞。

即使出現浩劫性後果的機率數字可信，問題還是存在：所聲稱的風險要低到什麼程度，我們才能根據手邊資訊同意進行這些實驗？對其他人來說，這些實驗並沒有明確的補償性利益，因此一定要比那些為了自己的目的而願意接受的人低。（也遠比冷戰時期人民基於個人的評估，認爲他們正處於生死關頭，因而願意接受核子浩劫之險的程度還低。）

⑲有些人會主張，五千萬分之一夠低了，因爲這比在一年之內有一枚大到足以毀滅世界的小行星擊中地球的機率更低。（這就像是說，人造放射線附帶的致癌效應只要不及天然放射線的兩倍，就可以接受。）可是，連這種限制也顯得不夠嚴謹。對於人類無法抗衡的天然危機（如小行星及天然的污染），我們或許認命，但這不代表我們應當默許同樣等級、卻可以避免的額外風險。確實，我們隨時都在努力，把風險降到遠低於那個水準。舉例來說，這就是爲什麼值得努力去改善小行星撞擊的風險。

核能發電廠的員工每年因曝露在放射線中致死的機率爲十萬分之一，但在英國政府的放射線危害指導方針中，即便只有一小群人承受這種風險，也是不能接受的。如果把這種反風險的判準完完全全應用在加速器實驗上，拿全球人口去冒險，但也接受同樣嚴謹的最大死亡數字估算，我們需要獲得發生浩劫的機率低於一千兆分之一（10^{-15}）的保證。如果把未來可能存在的人類生命都等同視之——當然，這在哲學上是有爭議的立場——那麼甚至可以主張，可接受的風險應當要再低上一百萬倍。

說「不」暗藏的代價

這就把我們導向了一個窘境。最極端的預防政策是禁止創造任何新的人爲情況（除非我們知道同樣的情況已經在大自然中的某個角落發生過）。可是這會讓科學完全癱瘓。顯然，當我們對狀況有絕對的信心，也了解基本的原則，便不該禁止製造一種新材料——例如，一種新的化學藥品。可是，一旦我們跨過危險之域的門檻，比方創造一種新的病原體時，也許就該暫停。而以超高能量把原子核碎裂爲我們仍不太了解的成分，這種物理實驗或許也應該就此暫停。

如果時光能倒轉，有些曖昧不明的案例也許需要更加謹慎小心。例如，科學實驗室中經常使用液態氦來創造極爲接近絕對零度（攝氏零下二七三度）的溫度。自然界從來沒有那個地方——地球上沒有，（我們相信）甚至宇宙中任何角落都沒有——這麼冷過：宇宙從極高溫、高密度狀態中誕生，天地萬物都受其遺緒——微弱的微波輻射加熱到接近絕對溫度三度。天文學家預測，宇宙的爆炸應當會產生可以在空間結構中造成漪漣變形的引力波。史丹福大學的彼得·邁克森（Peter Michelson）博士製造了一具宇宙引力波的探測器，這個儀器使用一根重逾一噸的金屬棒，冷卻到很接近絕對零度，以減少熱導出的熱振動。他形容這根棒子「不僅是地球上，而且是宇宙中最冷的龐然大物。」這麼自吹自擂可能是對的（除非地球之外的生物已經做過類似的實驗）。

在第一具液態氦冷凍器啓動時，我們眞的應該擔心嗎？我想答案是肯定的。的確，當時沒有理論認爲會有危險。但這可能僅是因爲缺乏想像力：現在有些理論（公認非常不可靠的理論）預測眞的有風險，可是當第一次達到超低溫時，不確定性高得多，物理學家必然沒有信心宣稱發生浩劫的機率小於一兆分之一。你大可押一把極端的賭注，賭明天太陽不會出來，或者把一顆公平的骰子連續擲出一百個六點。可是這些例子取決於物理和數學的原理，而這些原理很容易了解，也經過紮實的「實地測試」。

在決定是否批准對環境進行某種改變時，我們必須要問，是否有夠深、夠牢靠的了解，讓我們自信能排除發生浩劫的可能性？肯特的評論令人無法反駁：「什麼構成可以被接受的浩劫性風險？以特別安排的方式，去請教那些正好被諮詢到的人，根據他們提供的判準——無論這些人多麼眞誠看待及仔細思慮這問題——都不能代表廣泛大眾的意見，因此顯然無法令人滿意。」[20]

除了我們的好奇心以及加強對大自然的了解之外，沒有更高層次特定目標的行動步驟，都必須滿足非常嚴格的安全條件才能放行。可是，如果有某些補償性的好處，特別是既大而且急需的好處，我們也許能出於爲自己著想而默許較有風險的決定。例如，當貝特與泰勒在計算第一枚原子彈是否會燒掉整個大氣層時，幾乎可以確定他們一心想的都是如何縮短二戰的時間。因爲有如此重大的考量，即便沒有承平時期批准學術實驗時所要求的超高標準好讓人心安，他們還是義無反顧，勇往直前。

加速器的實驗凸顯出我們在其他的科學領域中，愈來愈常面臨的困境：誰應當（以及如何）決定，是否該進行一項可能有浩劫性的後果、但非常非常不可能發生的新實驗？這提供我們一個有趣的「判例」，逼使我們將焦點集中在——比任何生物學實驗都極端許多的脈絡中——如何評估這種不對稱的情況：其成果非常可能有用且正面，卻想像得到（但非常不可能）最終會是一場災難。前述的澳洲鼠痘案例就證實了，即便無心，人類也可能創造並釋放出危險的病原體。在本世紀晚些的時候，非生物的微型機械可能就會和流氓病毒潛藏一樣的危險，而極度崔斯勒式的「灰膠情節」，也不再只是科幻小說的場景了。

就算是我們能想像出來最壞的生物學實驗，其「黑暗面」也永遠不會比加速器實驗更糟，因爲前者不會讓整個地球都置身險境。可是在生物學及奈米科技的領域中——相對於使用巨大的粒子加速器的領域——實驗的規模較小，因此實驗的數量及種類很可能多上許多。我們因而需要得到保證，沒有一個實驗會出現災難性的錯誤。如果要分別做一百萬次的實驗——有一百萬次的機會出現災難——那麼每次實驗可容忍的風險要遠比「只做一次」的實驗低。要把這些考慮量化成確切的數字，需要估算出可能具有的利益。一項明顯能救幾百萬條人命的計畫中不可缺的實驗，當然可以接受較大的風險。科學所帶來的危險，有時和進步是一體兩面：如果我們不接受一點風險，可能就會放棄很大的好處。

評估風險時所使用的一種特別的論述方式，其結果經常過份樂觀。以重大的民航機或太空飛行器的毀損爲例，發生的方式林林總總，每一種方式都需要一連串的倒楣事加在一起(例如，幾個零件一起或接連失靈)。這種風險的模式可以用「失誤的樹狀圖」(fault tree) 來表示，然後把每個環節的機率合起來，有點像是賭馬時一次下注好幾匹馬會跑第一，賭贏的機率便會倍增(雖然航空器事故的算術更複雜了些，因爲可能有幾種不同的失誤模式，意外狀況可能環環相扣，而賽馬時每一匹馬之間卻沒有這種關聯性）。這類的計算可能忽略了某些關鍵性的失誤模式，因而給人一種錯誤的安全感。以前認爲大空梭夠安全，危及太空人生命的風險小於千分之一，可是發生在一九八七年的爆炸，卻只是太空梭的第二十五次飛行（「挑戰者號」的第十次升空）。回頭來看，二十五分之一會是比較好的臆測值㉑。同樣地，對於用類似的方法所計算出核能電廠發生各種事故的機率，也應該保守一點。

爲了標準化整個地球所面對的微小風險，我們把一個很小的機率乘以一個極大的數字，這個數字類似托里諾標度上最極端的小行星撞擊。上述的機率絕不會是零，因爲我們對於基本物理學的基礎知識還不完整；但即便眞的非常小，當乘上一個極大的數字之後，其乘積仍舊大到令人擔心。

如果可以想見有可能引發災難的黑暗面——不僅加速器的實驗如此，遺傳學、機械人學，以及奈米科技也是——科學家們能否自信滿滿地提供大衆所要求的保證呢？這類實驗的指導方針應該是什麼？應當由誰來制定？而最重要的是，即使對於指導方針達成共識，該如何執行？我相信，當科學的威力增強之後，這類的風險種類會更多，也更爲廣泛。即使每個風險都不大，累積起來卻可以成爲實質的大危險。

10 末日哲學家——人類未來的悲觀推論

光憑思考能否告訴我們，人類來日無多？

哲學家有時會提出巧妙的論點，對某些人來說無法反駁，可是對其他人而言，就算不易戳穿其中的破綻，也像是文字遊戲，或者智識上的花招。有個現代的哲學論點，說人類的未來相當不樂觀，就屬於這類啓人疑竇的說法，可是它（帶有但書）經過許多次審查檢驗，仍然屹立不搖。這項論點的發明者是我的朋友及同僚布朗登·卡特（Brandon Carter）。他是把所謂人本原理（anthropic principle）應用在科學上的先驅，其想法是：支配宇宙的法則一定相當特別，才能讓生命及複雜萬端的事物出現[1]。一九八三年，他在倫敦皇家學會主辦的一場會議中首度提出這個想法，讓學術界的聽眾大惑不解。事實上，這個想法不過是針對一場演講的補述，而那場演講討論的是在繞行其他恆星的行星上，生命能否演化。卡特因而下結論，宇宙中其他地方很難出現有智慧的生命形態，而且就算太陽能繼續發光數十億年，生命的長期未來並不樂觀②。

這個「末日論點」依賴一種「哥白尼原則」或「平庸原則」(principle of mediocrity)：上述原則可用來解釋我們在時間長河中居於什麼位置③。自哥白尼以來，我們已不再自認位處宇宙的中心。同樣地，按照卡特的說法，也不能認定自己活在人類歷史中的特殊時代：我們既不是所屬物種中的第一批，也不是最後一群。先考慮一下我們在智人(homo sapiens)「點名簿」中的位置。我們對自己的地位只有粗略的認知：大多數的估計都認爲，在我們之前出現過的人類數量約爲六百億，因此點名簿中的人數在此範圍。這數目代表的意義之一是，所有曾經在世的人，今日還活著的約爲十分之一。乍看之下，這比例似乎高得驚人，因爲人類可以上溯幾千個世代。可是在大部分的人類歷史中——整個農耕時代之前的時間，(可能)在公元前八〇〇〇年之前——全世界的人口可能都少於一千萬。到了羅馬時代，世界上的人口約爲三億，而直到十九世紀才超過十億。已死的人要比活著的人多，但不過是十倍。

現在仔細思考一下兩個關於人類未來的不同場景：「悲觀的」情節是，我們這個物種在下一、兩個世紀之內逐漸滅絕(就算能倖存得久一點，人口也會大幅減少)，因此所有在世上存活過的人口約爲一千億；而「樂觀的」情節是，人類會以至少和目前相等的數量，再存活數千年（甚至可能不斷增加，散居到地球之外），因此未來注定有幾兆的人會出生。卡特主張，「平庸原則」應該會使我們押寶在「悲觀的」場景上。這麼一來，我們在這本點名簿上（已經點過了一半）的地位十分尋常，毫不令人驚奇；反之，在「樂觀的」場景中，遙遠的未來仍會有大量的人口，那些活在二十一世紀的人是列在點名簿的前頭。

有個簡單的類比，可以帶出這個論點的核心概念。假設在你面前有兩個一模一樣的甕，告訴你其中一個甕裡有十張籤，上面所標示的數字從一到十，另一個甕則有一千張籤，數字從一到一千。假定你選定一個甕，從甕內取出一張籤，上面寫的數字是六。你當然會猜自己很可能是從只有十張籤的甕裡抽到的：如果能從有一千張籤的甕中抽出六這麼小的籤，將十分令人驚奇。確實，如果你選擇這兩個甕的先驗機率都一樣，那麼用簡單的機率論證便可說明，從只有十張籤的甕中抽到六的機率，要比從有一千張籤的甕大上一百倍。

卡特順著和甕的例子相同的理路進行論述：目前所知我們在人類點名簿中的位置

（在我們之前約有六百億人口），讓末日論點偏向支持總人口只會有一千億的假說，而不支持另一個看法，亦即會有比一千億（譯按：原文爲一百兆〔one hundred trillion〕，可是從前後文脈來看，trillion 應當是 billion 之誤）更多的總人口。因此末日論點暗示，現在的全球人口數無法延續太多代④；若不是逐漸減少，維持在遠低於目前的水準，就是會有一場浩劫，在幾個世代之內擊潰我們這個物種。

普林斯頓大學的教授理察．高特（Richard Gott），針對超光速旅行、時光機之類的事物，不斷提出滑稽但饒富創意的洞見，前後達三十年之久⑤。他的論點更簡單。如果我們遇到某種物體或現象，不太可能是在很接近其生命週期開端的時候，也不太可能是最末尾。因此，假設歷史久遠的物體未來會繼續存在一段頗長的時間，同時不應期望最近才出現的事物會歷久不衰，這說法可謂公允。舉例來說，高特記得他在一九七〇年去參觀柏林圍牆（那時才築起十二年）及金字塔（歷史超過四千年）；他的論點會（正確）預測，二十一世紀時金字塔極有可能仍屹立不搖；而如果柏林圍牆不復存在，並不會令人感到驚訝（當然，它已經塌了）。

高特甚至說明了如何用這個論點來解釋百老匯的戲劇演出。他選定一日（一九九三年五月二十七日），表列出所有百老匯正在上演的戲劇和音樂劇，並查明每一齣戲已經上演多久。以此爲根據，他預測那些上演時間最長的戲碼，未來也會繼續演得最久。《貓》（*Cats*）已經上演十．六年了，而且還會再演七年。其他上演還不到一個月的戲，大多數在幾個星期內就落幕下檔了。

當然，憑藉我們對基本歷史、各種人造物品的耐久性及堅固性等性質的熟悉，大多數人不需運用高特的論述方法，就能做出和他相同的預測。我們也知道美國人的口味，以及劇場的經濟學。我們具備的背景資訊愈多，對我們的預測就愈有信心。可是，即使是剛降落在地球上的外星人，毫無這類背景知識，只知道各種不同的現象已經存在多久，也能應用高特的論點，做出一些粗糙但正確的預測。而當然，我們對人類的未來還有多長，就如火星人對百老匯表演的社會學一樣，一無所知。高特因而追隨卡特，主張此一推論的方向可以告訴我們某些和人類物種壽限有關的事——說實在的，不會是讓人覺得高興的事。

顯然，人類的未來不能拆解成一個簡單的數學模型。我們的命運依賴著許多的因素，而最重要的——正是本書的主題——是我們在本世紀之中所做的選擇。加拿大哲學家約翰・勒斯里（John Leslie）思考的方向是，末日論點仍舊可能產生影響，使你對人類的長期未來更不樂觀⑥。如果你當時的想法是，人類極其可能會以巨量的人口繼續存在一千年，那麼末日論點將會減損你的信心，雖然最終你可能還是支持原先的想法。把甕的例子概化，就可以了解這情形。假設不是只有兩個甕，而是有數百萬個，而每個都有一千張籤，只有一個是十張籤。接著你隨機選一個甕，抽出一張籤如果是六，會讓你感到驚奇。可是，如果有幾百萬個「千籤」甕，那麼從中抽到不尋常的小號碼，就不會比挑中只有十張籤的甕令人驚訝。同樣地，如果先驗的機率強烈支持人類還有漫長的未來，那麼「世界末日即將降臨」的想法，也許要比發現我們位居人類點名簿中很前面的位置更不可能成眞。

勒斯里因而能解決另一道難題：乍看之下，整個論述的方向似乎不足採信。假設我們做過一個攸關命運的判斷，能夠決定我們這個物種是否很快就會滅絕，抑或可以近乎無限地存續。例如，這個選擇也許是要不要開發第一個地球之外的人類社區；一旦成立，就會繁衍出更多的社區，可以肯定至少有一個能存活下來。如果這種社區眞能生根茁壯，我們現在就會發現自己在點名簿上非常前面的位置。末日論點是否會以某種方式限制住我們，不去做導致人類的未來橫遭截短的選擇？勒斯里主張，我們能自由地選擇，可是我們的選擇會影響兩種情節出現的機率。

另一個令人關切的模糊地帶是，誰或什麼才算是人類：我們要如何定義人類？如果整個生物圈都在全球性浩劫中被消滅，這本點名簿會結束在什麼時候便無庸置疑。可是，如果我們這個物種變成別的東西，這能不能算是人類的終結？如果是，那麼卡特－高特的論點或許告訴我們一些不同的事情：它能支持庫茲瓦爾、摩拉維克，以及其他人的預測，也就是在這個關鍵的世紀中，機器會取代人類。

或者假設在其他的世界也有生命存在。那麼不只人類，也許所有的智慧生物都應該列入「參考類別」（reference class）。如此一來，便沒有明確的方法爲點名簿排序，而這個論點也不成立。（高特和勒斯里用了類似的推論方式，反駁其他世界有比人類社會更大之群落的說法。他們宣稱，如果有這樣的世界，我們應該訝異自己不屬於其中之一。）當我第一次聽到卡特的末日論點時，它讓我想起喬治．歐威爾在不同的脈絡下所做的強力評述：「你必定是眞正的知識分子才會相信——普通人不會這麼笨。」可是，要明指出一個淸淸楚楚的錯誤，並非易事。但這值得去做，因爲我們之中沒有人喜歡再聽到人類來日不多的論調。

11 科學之終結——人類心智的極限

未來的愛因斯坦可能會超越目前有關時間、空間以及微觀世界的理論。可是，生命科學的全貌①與複雜性，設下了人類心智可能永遠無法了解的謎。

科學會不斷向前狂飆，帶來新的洞見，也帶來更多的威脅嗎？或者，會在即將到來的世紀中，於達成目前的成就之後，草草收場？

記者約翰·何根（John Horgan）相信是後者：他主張，我們已經發現所有眞正重大的觀念。按照何根的說法，剩下的不過是補足細節，或者縱情於他所稱的「反諷式科學」（ironic science）——針對一些永遠夠不上嚴謹之實證研究（empirical study）的主題，提出古怪、欠缺訓練的臆測②。我認爲這項命題有本質上的錯誤，也相信就像二十世紀一樣，還有革命性的觀念等待人們去發掘。我喜歡以撒·艾西莫夫（Issac Asimov）③的觀點。他把尚待探索的科學領域比喻爲不規則的「碎形」（fractal）④——層層相疊的結構，因此放大任何一小片都是整體的影子：「就算我們知道得再多，知道剩下什麼，也無論剩下的看起來多麼微小，其複雜程度都和我們一開始下手研究的整體一樣，無邊無際。」

⑤

二十世紀在理解原子、生命及宇宙上的進展，可以視爲人類最偉大的集體智識成就。(這個但書「集體」非常重要。現代科學是一項聚沙成塔的大事業：當時機成熟，當關鍵理念「瀰漫於空中」，或者當某種新的技術被應用時，才會有新發現。科學家和電燈泡不一樣，不能說換就換，但還是有極少數的個案，某個學科的長期發展因爲一個人而改頭換面：如果「A」沒有完成任務或有所發現，不久「B」就會做成類似的事。這就是尋常情況下，科學的發展方式。科學家的工作失去了個體性，可是得以延續。在科學的萬神殿中，愛因斯坦的地位格外尊榮，因爲他正是極少數的例外之一：如果沒有他，其最深奧的洞見要出現會晚上許多，也許是循著不同的路徑，集數人之力而非只靠一人。可是這些洞見終究會誕生：即使愛因斯坦沒有留下他那得以媲美偉大的作家或作曲家之獨具個人特色的作品。)

古希臘認爲泥土、空氣、火以及水是組成世界的基本物質，自此以後，科學家一直在尋找對於自然界所有基本力量的「統一」描述，並了解空間本身之謎。宇宙論者不時被人看扁，認爲他們「經常犯錯可是從不懷疑。」的確，他們經常滿腔熱情卻缺乏理性，欣然接受基礎薄弱的臆測，也一廂情願地對過度解釋含糊及實驗性的證據。可是，即使小心翼翼的人，也有自信我們現在至少掌握了整個宇宙的輪廓，知道它是由什麼組成的。我們能追溯出太陽系形成之前的演化過程，更精確的說法，是還沒有多少恆星之前的時代，約一百四十億年前，當一切都從極熱的「創世事件」(genesis event)，也就是所謂的大霹靂中萌生。第一微秒的情況仍籠罩在謎團之中，可是自此之後發生的每一件事——從簡單的原初中出現我們這個複雜的宇宙——就是我們能理解的法則作用的結果，即使我們對其細節仍舊知之甚少。就像地球物理學家終能了解創造海洋、形塑大陸的過程，天文物理學家也能了解太陽及其行星，事實上，還有可能是繞著遠處恆星運行的其他行星。

在較早的世紀中，航海探險家們描繪出大陸的輪廓，量度地球的尺寸。僅僅過去幾年內，我們對宇宙在時間及空間中的圖像才開始紮實起來。二十一世紀的一項挑戰是，讓我們目前的圖像更精緻，填補更多的細節，就和一代又一代的勘測人員針對地球所做的工作一樣，而且特別要去探測早年的地圖繪製者寫上「此處有龍」的神祕地域⑥。

千變萬化的典範

典範（paradigm）⑦一詞的通俗化，首見於湯馬士・庫恩（Thomas Kuhn）的經典著作《科學革命的結構》（*The Structure of Scientific Revolutions*）。一個典範不僅是一個新的理念（如果只是這樣，大多數的科學家都可以聲稱自己變出了幾個）；典範轉移（paradigm shift）代表智識的劇變，展現新的洞見及科學視野的轉變。二十世紀最重大的典範轉移是量子理論⑧。量子理論所告訴我們的，完全和我們的直覺相反：在原子的大小時，自然狀態有內在的「模糊」。即使如此，當原子發射或吸收光線，或者相互結合爲分子時，仍舊遵循著精確的數學法則。一百年前，原子是否眞的存在仍有爭議；可是現在量子理論幾乎解釋了原子如何活動的每個細節。誠如史蒂芬・霍金（Stephen Hawking）⑨所指出的，「對於我們在理論物理方面的成就，這是一項禮讚；理論物理現在需要動用巨大的機器及大筆的金錢，以進行我們無法預測結果的〔次原子粒子〕實驗。」⑩

你每拍一張數位照片，在網路上隨意瀏覽一番，或者用一次牽涉到雷射的玩意兒——

CD唱盤、超市的條碼——量子理論就再次獲得證明。即使到了現在，我們也才剛開始領略它的某些驚人意蘊。它可以讓我們基於全新的原理來設計電腦，超越任何「古典」的電腦，無論摩爾定律維持有效多久。

另一個二十世紀的新典範——另一項令人驚訝的智識躍進——主要出自一人之手，也就是愛因斯坦：他深化我們對時間、空間以及引力的了解，給了我們一個統攝行星、恆星與膨脹中的宇宙本身運動的理論，亦即廣義相對論。今天，透過極精確的雷達來追蹤行星及太空船，以及針對中子星、黑洞（黑洞的引力大到空間、時間都爲之劇烈扭曲）的天文學研究，確認了這項理論的正確性⑪。愛因斯坦的理論看似深奧難懂，但每一回有卡車或飛機利用全球定位系統的衛星來確定位置時，廣義相對論便又一次得到驗證⑫。

把很大和很小連在一起

可是，愛因斯坦的理論也有先天的不完備：它把時間和空間看成一個平滑的連續體。如果我們把一片金屬（其實任何的物體都行）切成更小的薄片，當我們切到一個原子的量子層次時，就是最終的極限。同樣的，在眞正最小單位的層次時，甚至連空間也可預期是呈粒狀結構。也許不只是空間，時間亦然，是以有限的量子組成，而非連續地「流動」。任何能不斷分割時間的鐘，無論多麼精準，可能都有基本的極限⑬。但不管是愛因斯坦的理論或量子理論，以其目前的形態都不能告訴我們時間及空間的微觀結構。二十世紀的科學留下了這項未竟的大業，做爲二十一世紀的挑戰⑭。

科學史暗示，當一項理論失敗或面對一個悖論（paradox）時，解決之道就是超越以前所用的範例。愛因斯坦的理論和量子理論不能相合：在某些限度之內，兩者都是第一流的理論，可是在最深的層次上，它們卻是對立的。在綜合兩者的理論尙未出現之前，我們定然無力處理這個問題：在宇宙創生的瞬間，究竟發生了什麼事？更不能賦予底下的問題任何意義：「在大霹靂之前，發生了什麼？」在大霹靂的那「一剎那」，一切都被壓縮到比一個原子還小，量子波動（quantum fluctuations）因而能夠撼動整個宇宙。

按照目前最受支持、朝統一理論（unified theory）發展的超弦理論（superstring theory），組成原子的粒子都是從空間本身織出來的⑮。基本的實體不是點，而是微小的迴圈或「弦」，各種小於原子核的粒子自有不同的振動模式——不同的諧波（harmonic）。再者，這些弦不是在普通的空間（三度空間加上時間）中振動，而是在十或十一個維度的空間中振動⑯。

遠在我們的時空之外

對我們自己而言，人類似乎是三度空間中的生物：我們能向左或向右，往前或往後，向上或向下，如此而已。因此，如果眞有額外的維度存在，它們如何讓我們察覺不到？它們可能全都緊密地纏起來。從遠處看，一根長長的水管可能像是一條線（只有一個維度），可是走近一點，我們發現那是一條緊密纏繞的長圓柱體（一個二度的面）；再近一點，我們察覺這圓柱不是用無窮薄的材料所製成的，但也延伸出第三個維度。以此類比，任何在三度空間中看似一個點的事物，若將之極度放大，其實都可能有某種複雜的結構：一張在好幾個額外的維度中緊密纏繞的摺紙。

可以想見，有些額外的維度能在實驗室的顯微實驗中顯現（雖然還是可能因爲捲得太緊，因而看不出來）。而更有趣的是，可能有一個維度完全沒被纏進去：可能有另一個和我們「並列」的三度空間，一起嵌在一個更浩瀚的空間中。在一大張紙上爬行的蟲（這張紙是牠們的二維「宇宙」)，可能不知道有另一張類似的紙與之平行而不接觸。同樣地，也可能有一個完整的宇宙（和我們的一樣，具有三度空間），和我們只相距一毫米，但我們不會注意到，因爲這一毫米是在第四個空間維度中所量到的距離，而我們被拘禁在僅有三維的空間中。

大霹靂可能發生過許多次，甚至無窮盡，而不是僅有創造「我們」的宇宙的那一次。即便是我們自己的「宇宙」，就是我們自己那次大霹靂的餘波，也可能延伸到望遠鏡所能探測的距離（一百億光年）之外：它可能包含更廣大的範疇，延伸到非常遙遠的地方，從那裡出發的光線還沒有機會抵達地球。每當一個黑洞形成時，其內部深處的作用就可能催化另一個宇宙的創造，而這個宇宙可能朝向和我們的宇宙不相交的空間擴大。如果這個新宇宙和我們的宇宙一樣，那麼恆星、銀河系以及黑洞，都會在其中形成，而這些黑洞接著又會孳生新一代的宇宙，如是循環不已，無窮無盡。也許未來能在實驗室中，內爆一塊物質產生小型的黑洞，或甚至在粒子加速器中，讓加速到能量極高的原子互撞，藉此創造出宇宙⑰。如果眞行得通，上帝創世的神學主張便能以新的面貌復活，模糊掉自然和超自然的界線⑱。

自從哥白尼把宇宙中心的皇冠從地球頭上摘下之後，我們已經知道，在望遠鏡所能及的億萬個星系裡頭，我們的太陽系僅是其中之一而已。現在，我們的宇宙觀再一次戲劇性地擴大：我們傳統上所稱的宇宙，可能僅是無垠的宇宙汪洋裡，衆多「島嶼」之一罷了。

要做科學性的預測，必須相信自然界不是反覆無常的，也要發掘一些規律性的模式；可是不需要完全了解這些模式。例如，兩千多年前的巴比倫人就能預測日蝕可能出現的時間，因爲他們收集了幾個世紀的數據，發現了日蝕時刻的重覆性模式（特別的是，他們追蹤出一個十八年的週期）。可是巴比倫人並不知道太陽和月球運行的眞實情況。一直要等到十七世紀——牛頓及愛德蒙・哈雷（Edmund Halley）[19]在世的年代——才把這個十八年的週期歸因於月球軌道的「搖晃」（wobble）。

量子力學的運用非常奇妙：大多數的科學家，幾乎都是不假思索地加以應用。我的同僚約翰・薄金宏（John Polkinghorne）便這麼說，「平均而論，量子技工的思想不會比汽車技師深奧。」可是自愛因斯坦以降，許多思慮周密的科學家都發現這理論「有鬼」，因而懷疑我們尙未取得最佳的觀點。今日對量子理論的詮釋，可能還處在「原始」的階段，類似巴比倫人對於日蝕的知識：可以做出有用的預測，但了解不深。

量子世界有些令人費解的弔詭，或許可以用一個科幻小說中常見的概念加以說明：「平行宇宙」。奧拉夫・司德普頓（Olaf Stapledon）的經典小說《造星者》（*Star Maker*）便預想出這個概念。造星者是宇宙的創造者，在一個他比較精巧的創造中，「每當一個創造物面對幾個不同的行動方向時，它會全部接受，因而創造出許多……截然不同的宇宙歷史。因爲在宇宙的每一個演化系列中，都有許多的創造物，而每一個都經常面對衆多的可能方向，各種方向的組合不可計數，每個瞬間都有無窮而獨特的宇宙剝離而出。」

乍看之下，平行宇宙的觀念似乎太過古怪，因而不會有任何實際的影響。但或許它眞能提供一種全新電腦的前景：量子電腦，其運算的負擔確實由近乎無窮的平行宇宙分工，藉此超越就算是最快的數位處理器也有的限制。

在二十世紀中，我們研究出整個物質世界的原子屬性。二十一世紀的挑戰，就是去了解舞台本身，探測時間和空間最深奧的屬性。新的洞見能闡明我們的宇宙如何誕生，以及它是不是滄海之一粟。在一個對地球來說比較實際的層面上，新洞見有可能揭露空的空間中潛藏的新能源。

一尾魚也許僅能意識到牠所生活及游動的環境；但牠沒有智力去了解，水是由鍵結在一起的氫原子及氧原子組成的，而每一個原子又由更小的粒子組成。同樣地，空的空間（empty space）的微觀結構也太過複雜，欠缺輔助的人腦無法掌握。在本世紀中，額外維度、弦理論，以及諸如此類的概念，會讓科學界興致勃勃。我們渴望了解自己在宇宙中的棲息地——若不嘗試就絕無成功的機會——但也有可能，我們的希望不比魚來得大[20]。

時間的邊界

誠如威爾斯和他的時間旅行者所知（見第一章），時間是第四維。以時光旅行前往遙遠的未來，不違反任何物理法則。一艘能以百分之九十九・九的光速飛馳的太空船，可以讓船上的人員「快速前進」未來。要是能設法飛進盡可能逼近的軌道，又不墜入急速旋轉的黑洞裡，太空人可以在他主觀的短時間中，看到漫長的未來時光在外部宇宙無垠地伸展。這樣的探險也許不可行，但在物理上並非不可能。

若是要回到過去呢？五十多年前，偉大的邏輯學家克特・哥德爾（Kurt Gödel）虛構了一個古怪的假想宇宙，能符合愛因斯坦的理論，允許「時間迴圈」（time loop）的存在。在時間迴圈之中，未來的事件是過去的「因」，然後這些「因」又成爲未來事件自身的因，將許多不可思議的事帶進這世界，可是並不矛盾。（《魔鬼終結者》〔*Terminator*〕描述一個兒子把父親送回過去，以拯救他的母親〔並讓她受孕〕，這部電影精彩結合了最聰明的奧地利裔美國人哥德爾的見解，和最健美的奧地利裔美國人阿諾・史瓦辛格〔Arnold Schwarzenegger〕的體格。）幾位後起的理論家運用愛因斯坦的理論，以設計或許能產生時間迴圈的「時光機」。但這些都不是能裝進維多利亞風格地下室的機器[21]。有些實際上需要無窮大的長度；其他的則需要極巨量的能量。回到過去涉及改變過去、使得歷史前後矛盾的風險[22]。可是，堅持時光旅行不能改變過去，和說時光旅行連在原則上也不能實現，兩者並不相同；只能說它限制了時間旅行者的自由意志。但這也不是新的看法。物理學早已對我們設下限制：我們不能運用自由意志走在天花板上。另一個選擇是時間旅行者會轉移到一個平行的宇宙去，在那裡的凡事有不同的結局，而不是像《今天暫時停止》（*Groundhog Day*）這部電影一樣，日子一再重覆[23]。

我們根本還沒有一個統一的理論，而平行宇宙、時間迴圈以及額外的維度，確然是二十一世紀的「大概念」。承認了這一點以後，何根僅能將這些理論貶抑爲「反諷式科學」，來支持他「科學之終結」的悲觀命題。當那些理論仍是一套數學概念，還摻進一些看似科幻小說且和實驗或觀測毫無關聯的事物，這也許是對其當前位階的公允評價。但我們的希望是，以我們的智能所能掌握的這類理論，眞能解釋那些與我們的物質世界有關、但現在仍顯得神祕難測的事物：爲什麼質子、電子，以及其他小於原子的粒子眞的存在，又爲什麼這個物質世界要受特定的力量及法則所統攝。一個統一的理論，可能會揭露一些意料之外的事物；若不是透過尺寸極小的東西，就是藉由解釋某些與我們這個持續膨脹的宇宙有關的謎。也許某些潛藏在空間中的新形態能量，能被有效萃取出來；對額外維度的了解，能賦予時光旅行的概念實質的內容。這樣的理論也會告訴我們，哪些種類的極端性實驗（如果眞的有）會觸發浩劫。

科學的第三個新疆域：眞正的複雜性

一個針對宇宙及微觀世界的決定性理論——即使有朝一日可以達成——也還不算是「科學之終結」的預兆。有另一個開放的新疆域：對於眞正複雜之事物的研究——尤其是我們自身及我們的棲息地。我們可能了解個別的原子，甚至了解夸克及其他潛藏在原子核中之粒子的種種神祕現象，可是我們仍舊困惑不解，原子怎會以如此複雜精細的方式組合起來，造成我們的環境中一切複雜精細的構造，特別是有生命的事物。在通俗讀物中經常使用的語彙「萬有理論」（theory of everything），其內涵非但傲慢，而且很容易使人誤解。其實對百分之九十九的科學家來說，所謂的萬有理論完全沒有幫助。

極其聰慧又有魅力的物理學家理察・費曼（Richard Feynman），喜歡以一個很棒的類比來強調這一點，而這個類比可以追溯到十九世紀的赫胥黎（他是推動達爾文演化論的先鋒之一）。假設你從來沒有見過人下棋，看了幾局以後，你可以推測出下棋的棋則。可是眞正要下棋，知道每個棋子怎麼走只是從新手到大師的過程中微不足道的入門常識。同樣地，即使你知道了基本的法則，要探索在宇宙的歷史中，這些法則作用的結果如何開展——星系、恆星及行星如何形成；在地球上或其他地方的生物圈中，原子如何組成能沉思自身起源的生物——是一項沒有終點的挑戰。

科學才剛開始：每一步進展都把我們的焦點帶到一組新的問題上。我同意約翰・墨篤斯（John Maddox）的話：「那些以我們的聰慧程度還問不出來的問題，其答案將會是

大驚奇。科學的雄心大業是尚未完成的計畫，而且永遠如此。」㉔

在一些已有長期研究歷史的日常課題上，例如飲食營養及兒童照護，專家們的觀點顯然也只是轉瞬即逝的流行資訊，而宇宙論者對於一些艱澀、冷僻的事物，若是自信滿滿地斷言，便會顯示他們的傲慢。然而，造成事物難以了解的原因是它們複雜的程度，而不是它們有多大。行星及恆星都很大，可是它們的運行卻遵守簡單的法則。我們能了解恆星，也能了解原子；可是日常的世界，特別是有生命的世界，卻帶來一項更大的挑戰。從現實的觀點來看，營養學是比宇宙學或次原子物理更困難的科學。人類是我們所知宇宙中構造最錯綜複雜的實體，人體的大小介於原子和恆星之間㉕。組成人體所需的原子數目，也正是達到太陽（質量）需要的人體數量㉖。

我們的日常世界給二十一世紀的科學帶來更大的挑戰，無論宇宙或次核子粒子的世界都不及。生物學領域就是主要的挑戰，但連簡單的物質其運作模式也很複雜。我們知之甚詳關於空氣及水的物理學，氣候形態就是其表現形式；可是氣候極端複雜、混亂、不可預測，微觀世界中再進步的理論，對氣象預報員也毫無幫助。

當我們與人類層級的複雜性纏鬥時，一個整體的方法要比淺薄的簡化論

(reductionism) 更有用。從目標(譯按:求偶、覓食等)及生存的觀點去了解動物的行爲,會得到最有意義的結果。我們可以自信地預測,一隻信天翁㉘在漫遊一萬公里或更長的距離之後,還是會回到自己的築巢地去。如果我們把信天翁解析爲電子、質子及中子的集合體,就不可能做出這種預測——非但實際上做不到,連原則上也不成。

科學有時被喻爲一座高聳建築的不同樓層:地下室是邏輯,一樓是數學,然後是粒子物理,再來是物理及化學剩下的部分等等,一直往上到心理學、社會學,最頂樓是經濟學。可是這種類比很差。其上層建築,也就是處理複雜系統的「高階」科學,並不像眞的建築,會因爲地基不穩而發生危險。在肉眼可見的天地中存有自然法則,和微觀世界中的一切具備同等的挑戰性,而且在概念上獨立於微觀世界之外——例如,那些描述規律性行爲與混亂行爲之間如何轉變的法則,可以分別用來解釋八竿子打不著的現象,好比滴水的水管與動物的口數。

化學、生物學、環境及人類科學的問題仍未找到答案,是因爲科學家還沒有闡明它們的模式、結構,以及互相連繫的關係,而不是因爲我們對次原子物理的了解不夠。嘗試去了解水波如何潰散與昆蟲的行爲時,原子層次的分析幫不上忙。找到人類基因組的

「讀出」（readout）——發現將我們的遺傳特徵編碼的分子——是一項非常驚人的成就。可是對於更巨大的挑戰後基因組（postgenomic）科學來說——了解基因編碼如何觸發蛋白質的組合，並在胚胎發育時自我表達——這不過是前奏曲而已。生物學的其他面相，特別是腦的屬性，所設下的挑戰我們幾乎連問題是什麼都還弄不清楚。

人腦的極限

某些科學的分支有一日可能會停止發展。可是會發生這種情形的原因，可能是我們突然遇上人腦能夠理解的限制，而不是因爲研究主題已經枯竭。物理學家也許永遠不能了解時間及空間的基礎屬性，只因爲數學太難了；可是我想，在我們將會碰上的這類極限中，努力要了解複雜的系統——尤其是我們的頭腦——會是第一個。也許，無論是人腦或機械，複雜的原子集合體永遠不能了解自身的一切。

具有和人類同等級能力的電腦會加快科學的腳步，即使它們不以我們的方式思考。ＩＢＭ會下棋的電腦「深藍」（Deep Blue）推演戰略的方法和人類的棋手不一樣；在決定最佳的棋步之前，它應用一套複雜的規則，利用它的計算速度來比較幾百萬組棋步與對手的反應。這種「蠻力」的方法戰勝了一位世界冠軍；同樣地，機器可以完成的科學發現，或許會難倒沒有外部助力的人腦。例如，有些物質在冷卻到非常低溫時，會完全失去電阻（成爲超導體）。科學家不斷在尋找一個「配方」（recipe），好讓超導體能在室溫下作用（亦即接近絕對零度以上三百度的溫度；到目前爲止，已經達到的最高超導溫度是一百二十度）。這種的追尋牽涉大量的「試誤」過程，因爲沒有人確切了解，爲什麼電阻在某種物質中消失得比另一種物質快。

假設機器找出了這樣的配方，它成功的方式可能和深藍下西洋棋贏過卡斯帕洛夫（Kasparov）㉘如出一轍：充分檢驗幾百萬種可能，而不是因爲具有人類風格的理論或戰略。可是它也會達成能使科學家得到諾貝爾獎的某種成就。再者，它的發現將預告技術上的突破，其後果之一便是導致更強大的電腦出現，這是科技加速進展卻失控的一個例子：電腦將可增強人類的腦力，甚至取而代之，其勢不可抑遏；這正是畢爾．喬依（見第六章）及其它未來學家擔心的情形。

用威力日益強大的電腦進行模擬，能協助科學家了解我們既不能在實驗室中研究，也不能直接觀測的過程㉙。我的同事們已經能在電腦中創造出一個「虛擬宇宙」，並在上頭做「實驗」——例如，模擬恆星怎樣形成及死亡，以及在年輕的地球和另一枚行星的撞擊中，月球如何形成。

第一個生命

生物學家很快就會釐淸基因組合的過程；基因藉此過程爲細胞錯綜複雜的化學性質與四肢及眼睛的形態學（morphology）編碼。另一個挑戰是闡明生命如何肇始，也許還能在實驗室中或在電腦上以「虛擬」的方式（在電腦上研究，演化的速度能比實際情形快）複製出這檔事。

地球上所有的生命似乎都有一個共同的祖先，可是這第一個活的東西到底是怎樣成爲生命形態的？是什麼導致氨基酸變成第一個能複製自身的系統，以及單細胞生物複雜精巧的蛋白質化學作用？第一個問題的解答——從無生物到生物的轉變——是科學尚未完成的基礎工作。在實驗室中以實驗嘗試模擬新生地球上化學物質的「湯」，可以提供一些線索；電腦的模擬亦然。達爾文想像出一個「溫暖的小池塘」。我們現在更加明瞭，生命能採用的利基無比浩瀚。深海中含硫的熱泉湧出口附近的生態系統[30]告訴我們，連陽光也不是必要的。因此生命的開端可能發生於一座酷熱的火山中，一個地底深處的所在，或甚至在多塵的星際雲（interstellar cloud）中豐富的化學物質混合體中。

最重要的是，我們想要知道，究竟生命的出現是某種意義上的必然，或者純屬僥倖。地球在宇宙中的重要性，取決於生物圈是稀罕的或者普遍的，而這又取決於生命起源所需的條件有多「特殊」。這個關鍵問題的答案，影響我們對自己以及對地球長期未來的看法。當然，我們的困境在於我們只是單一的例子，但這事實也許會改變。探索地球之外的生命，也許是二十一世紀科學最吸引人的挑戰。它的結果會影響我們對於人類在自然界中居於何等地位的概念，深遠的程度不下於過去一百五十年中達爾文理論的影響。

12 另一個地球——宇宙還有其他生命嗎？

複雜的生命要出現（並存活下來）的機率可能極低，使得地球成爲整個銀河系中意識到自身智慧的生物獨一無二的居所。這麼一來，我們的命運就眞能在宇宙間獲得迴響。

是否到處都有生命？或者，地球不僅對棲居其上的我們來說是特殊的，對更廣闊的宇宙亦是如此？

只要我們還是只知道自己這個生物圈，便不能排除它是獨一無二的可能性：複雜的生命也許是一連串非常不可能的事件接連發生的結果，因而在可以觀測到的宇宙中只發生過一次，（當然）就在我們的行星上。另一方面，生命可能到處都有，在任何類似地球的行星上出現（或許也在許多其他的宇宙環境中出現）。對於生命如何起源及演化，我們知道的還太少，不足以在這兩個極端的可能性之間做判斷。最大的突破就是找到另一個生物圈：眞正的外星生命。

在接下來的幾十年中，太陽系的無人探測行動可以確定這個機率有多大。自一九六〇年代起，我們已經把太空探測器送往太陽系的其他行星，將照片傳回來，讓我們看到各種殊異的世界；可是沒有一個——和我們自己的行星形成強烈的對比——看起來適合生命的存在。火星仍舊是主要的焦點。探測器已經把令人驚奇的火星表面呈現在我們眼前：高達兩萬公尺的火山，一個六千公尺深、延伸四千公里的峽谷。有乾涸的河床，甚至有看起來像是湖岸的地形特徵。如果水曾一度在火星的表面上流動，這些水很可能來自地底深處，受力穿過厚厚的永凍層，來到地表上。

探測火星及更遠的地方

美國太空總署（NASA）第一次認眞去尋找火星上的生命，是在一九七〇年代。（兩具）「維京號」（Viking）探測器以降落傘降落到一個寸草不生、滿佈岩石的沙漠上，採取土壤樣本；探測器上的儀器連最原始的生物組織都沒發現。後來，一塊岩石從火星上來到地球，才有了唯一一次針對化石生物的嚴肅聲明。火星和地球一樣，不斷受到小行星的撞擊，把碎礫轟向空中。有些碎礫在軌道上漫遊了幾百萬年之後，成爲擊中地球的隕石。一九九六年，太空總署的官員安排了一場非常盛大的記者會，連柯林頓總統都參加了。他們宣稱從南極找到的一塊隕石，上頭的化學特質顯示其來自火星，裡頭帶有微量的細小生物組織。科學家們一路回推：「火星上的生命」可能就和（火星上的）「運河」一樣，在一個世紀前消失了。雖然，就算是樂觀派也不冀望會發現比休眠狀態中的細菌更了不起的東西，但他們並未放棄這顆紅色的行星上有生命的希望。比起維京號，未來的太空探測器能更徹底地分析火星的表面，並（在以後的任務中）將樣本送回地球。

火星不是這些探勘任務的唯一目標。二〇〇四年太空總署的「卡西尼」①任務中，包括讓歐洲太空總署（European Space Agency）的「惠更斯號」②探測器以降落傘降落到土星巨大的衛星泰坦（Titan）的大氣層中，搜尋任何可能有生命的東西。有幾項長期計畫是：讓可以潛水的探測器登陸木星的衛星歐羅巴（Europa），在其冰封的海洋中搜尋生命——這些生命甚至可能有鰭或觸手。

在我們的太陽系中——現在我們知道，它僅是我們的星系中幾百萬個行星系統其中之一——發現兩個有生命的地方，就意味著生命在宇宙中很尋常。我們會立刻斷言，我們的宇宙（有數十億個星系，而每個星系各有數十億顆恆星）之中可以有幾兆個棲息地存在著某種生命（或過去生命的遺跡）。這就是爲什麼，搜尋太陽系中其他行星及衛星上的生命對科學如此重要。

可是有一個關鍵性的但書：在做出任何有關生命無所不在的推論之前，我們必須要能確定，這些生命都是獨立開始的，生物組織沒有透過宇宙塵或隕石從一顆行星移到另一顆行星去。畢竟，我們知道某些擊中地球的隕石來自火星；如果上面有生命，也許這就是地球上生命開始的方式。也許我們都有來自火星的祖先。

其他的地球？

即使在我們的太陽系中其他的地方有生命，也沒有幾位科學家（如果有的話）會冀望它們是「高等的」。可是比較遠的宇宙又如何呢？打從一九九五年起，一個簇新的科學領域開放了：研究繞著遠處恆星運行的其他行星家族。當中的某些行星上頭，有生命存在的希望大不大？我們之中沒有幾個人會對這些行星的存在感到意外：天文學家早已知道，其他恆星的形成過程和我們的太陽一樣，從一團緩慢旋轉的星際雲收縮成碟形；其他碟中的塵狀氣體可以凝聚爲行星，就跟新生的太陽周圍發生的事一樣。可是一直到一九九〇年代之前，沒有一個夠靈敏的方法能確切顯現這些遠處的行星③。本書寫作之際，已經知道有一百顆類似太陽的恆星至少都有一顆行星繞著它們轉：幾乎每個月都有更多的發現。到現在爲止，這些被發現繞行類似太陽之恆星的行星，大小約如我們這個太陽系中的大型行星木星或土星。可是，這些可能僅是其他「太陽系」中最大的成員，而小的成員尚待發現。一顆類似地球的行星，質量比木星小三百倍，即使繞著一顆離地球最近的恆星轉，也會因爲太小及太黯淡，不能以目前的技術加以顯現。要觀測到類似地球的行星，需要極大的太空望遠鏡群。太空總署的旗艦科學計畫「起源」（Origins），焦點就是鎖定在起源——宇宙、行星及生命的起源——而其中一項關鍵計畫就是所謂的「類地行星搜尋者」（Terrestrial Planet Finder），這是一組太空望遠鏡；歐洲人也在策劃一項類似的計畫，名爲「達爾文」④。

我們年幼時，曾被教導我們的太陽系中星球如何排列——九大行星的大小，以及它們如何以軌道繞著太陽轉。可是從現在起的二十年，在滿天星斗的夜裡，我們可以告訴孫輩更有趣的事情。鄰近的恆星不再是天上閃爍的小點，我們把它們看成別的太陽系的太陽。我們將會知道每一顆恆星的行星隨從的軌道，甚至知道較大的行星上頭某些地形特徵。

類地行星搜尋者及它在歐洲的相應儀器，將會發現許多這類的行星，但只是微弱的光點。即使沒有詳細的圖像，還是可以對它們有很多的認識。套用卡爾·沙根（Carl Sagan，一九三四—一九六年，美國出色的科普作家）的說法，從（比方）五十光年之外來看——這是附近一顆恆星的距離——地球僅是看起來離一顆恆星（我們的太陽）很近、光度為太陽的數十億甚至數百億分之一的「蒼白的藍點」。藍色的濃淡會有輕微的不同，端看朝向我們的是太平洋還是歐亞陸塊。觀測其他的行星時，即使我們無法辨視其表面的細節，還是能藉此推論出它們是否在轉動、它們「一天」的長度，甚至於它們大體的地形及氣候。

我們會特別感興趣的是地球的「孿生行星」：大小和我們的地球相當，同樣繞行類似太陽的恆星，水既不會沸騰也不會一直結冰的溫和氣候⑤。分析這類行星微弱的光芒，我們可以推論出在它的大氣層中有什麼氣體。如果有臭氧——就意味著它有豐富的氧，一如地球的大氣層——這就明白顯示有一個生物圈。地球的大氣層一開始不是如此，而是由早期的原始細菌轉化所得。

可是，這類行星眞正的圖像——呈現在和牆壁一般大的螢幕上，屆時這種螢幕已取代牆上的海報，做爲室內裝飾——想必會有比從太空看地球的經典圖像更大的衝擊。就算太空總署那一類的計畫再持續數十年，我們在二〇二五年之前都不會得到這種圖像。這需要在太空中放置極大的望遠鏡；即使一組延伸數百公里的望遠鏡陣列，也只會給我們一個模糊不已的粗糙影像，僅能顯示一片海洋或大陸。在更遙遠的未來，裝配機器人或許能在失重狀態的太空中製造出尺寸更爲巨大的薄紗鏡。這些鏡子會顯示出更多的細節，可以讓我們探測到更遠的地方，增加可能庇護著生命的行星被發現的機率。

外星生命？

我們要探索到多遠，才能發現另一個生物圈？是否在每一個溫度範圍合適、有水以及其他（例如碳）元素的行星上，生命都會出現？目前，這類問題仍然懸而未決。和科學中經常發生的情形一樣，證據的缺乏往往導致極端化及教條式的意見，可是當我們對於生命如何起源、生命的形態及棲息地如何千變萬化，以及生命可能採取的演化路徑所知甚少時，不可知論（agnosticism）實在是唯一理性的態度⑥。

某些繞著其他恆星運轉的行星上，是否蘊藏著生命，而且比樂觀者預期在火星及歐羅巴上可能會有的更爲奇異——甚至是某種可稱爲智慧的東西？要確定這種機率有多少，我們需要更清楚地了解地球的實體環境得有多特殊，才能容許一個漫長的天擇過程存在，一路走向地球上的高等動物形態。唐諾·布朗里（Donald Brownlee）及彼得·華特（Peter Ward）在他們的著作《稀有的地球》（*Rare Earth*）中聲稱，繞著其他恆星運轉的行星之中，幾乎沒有一個能提供長期的穩定性：這是高等生命漫長的演化過程中必要的條件⑦。他們認爲還有好幾項必要條件，而且滿足這些條件的機率非常低。這顆行星的軌道不能晃到離它的「太陽」太近的地方，也不能太遠，因爲太遠時如果和其他的大行星過於接近，會被推到不同的軌道上去；它的自轉必須穩定（有一部分相當依賴我們的月球）；不能有太多的小行星撞擊等等。

可是最大的不確定性落在生物學領域之中，而不是天文學。首先，生命如何開始？我想，在這方面要有所進展眞的有機會，因此我們會知道是否這「純屬僥倖」，或者，在一顆年輕的行星上可預期會出現的原初的「湯」裡頭，這是不是近乎必然的事？可是還有第二道問題：即使簡單的生命能存在，它會演化成我們認定的智慧生物的機率又是多少？這很可能是更難處理的問題。即使原始的生命很普遍，「高等」生命的出現也許不然。

我們大略知道地球上生命發展的關鍵階段。最簡單的生物組織出現的時間，似乎是在地球受到最後一次大撞擊之後地殼最終冷卻階段的一億年裡頭，距今約四十億年。可是第一個眞核細胞[8]（eukaryotic cell，或作 nucleated cell）要再過二十億年才出現，然後再等十億年才有多細胞的生命。大多數生命的標準體形似乎在略逾五億年前的「寒武紀爆炸」[9]時第一次出現。自那時起，極多種類的陸地生物出現，不時被大滅絕間斷，例如六千五百萬年前消滅恐龍的事件。

即使簡單的生命存在於許多繞行鄰近恆星的行星上，類似地球的複雜生物圈仍可能很稀有：演化中可能有些難以超越的關鍵障礙。也許是朝多細胞生物轉變。（在地球上簡單的生命很快就出現，反之，就算是最基本的多細胞生物組織，也要近三十億年後才能出現，這事實讓我們不禁設想，任何複雜的生命要出現可能都有嚴苛的障礙。）或者，最大的障礙晚一點才出現。即便在一個複雜的生物圈中，也不能保證會有人類層次的智慧出現。例如，如果恐龍沒滅絕，通往人類的哺乳類演化長鏈可能會被封死，而我們無法預測是否會有另一個物種扮演我們的角色。有些演化論者認爲智慧生物的出現是偶發的，甚至不太可能發生。可是其他人不同意這種想法。在後者的陣營中有我的劍橋同事西蒙·摩利斯（Simon Conway Morris），他是研究加拿大英屬哥倫比亞省洛磯山脈的柏傑斯頁岩(Burgess Shale)中種類驚人的寒武紀生命形態的權威。演化的「輻合」（convergence）證據（例如澳大拉西亞〔Australasian，澳洲、紐西蘭及附近島嶼的總稱〕的有袋動物在其他大陸有具胎盤的相應動物）讓他印象深刻，並主張也許這幾乎可以保證類似我們的某種生物會出現。他寫道，「就整體的生命豐富性而言，有個受到限制的明顯痕跡，不僅告知我們一種地球上所見事物的可預測性，在其他地方也有暗示。」[10]

也許更壞的兆頭是，在我們目前的演化階段，在這個智慧生命剛開始發展科技之際，可能有一項關鍵性的障礙。果真如此，生命未來的發展取決於人類能否安然度過這個時期。這不是說地球非得避免一場災難不可，只是在這發生之前，有些人類或先進的人造物要先散居到家鄉的星球之外。

將探尋生命的焦點置於繞行高壽的恆星、與地球相似的行星上，十分有道理。可是科幻小說的作家提醒我們，還有比較奇特的選擇。也許，連一顆被拋進星際空間中冰凍、黑暗的角落裡的行星上也會有生物，那裡主要的熱源來自星球內部的放射線（也就是加熱地核的過程）。可能有四散的生命結構，自由地在星際雲中載浮載沈；這類生命以慢動作活著（如果有智慧，也以慢動作思考），但儘管如此，它們在長遠的未來裡可能也會產生自覺。

如果公轉所繞行類似太陽的恆星變成了一顆巨星，或者恆星的外層被吹走，這顆行星上就沒有生命能夠存活⑪。這類的思考提醒我們，有生物棲居的世界短暫無常，同時，任何看似人爲的訊號都可能來自具有超級智慧（雖然不一定有意識）的電腦，而製造這些電腦的外星種族早已滅絕多時。

外星智慧：親自探訪還是發送訊號？

如果高等的生命很普遍，我們就會面對偉大的物理學家安瑞可・費爾密（Enrico Fermi）率先提出的著名問題：爲什麼它們還沒有造訪地球？爲什麼它們或它們製造的東西不是在眼前瞪著我們看？當我們領悟到某些恆星比我們的太陽老上數十億年，這項主張就會更具分量：如果生命非常普遍，在繞行那些古老恆星的行星上，生命的出現會「領先一步」⑫。對於「我們並不孤單」的觀點，宇宙論者鐵普勒（Frank Tipler）也許是頭號的擁護者，可是他並不認爲外星人會做星際旅行。然而，他卻主張至少有一個外星文明會發展出自我複製的機器，會把它們送進太空。這些機器會從一顆行星散佈到另一顆行星去，一面走數量一面增加；它們會在一千萬年之中擴散到整個銀河系，這段時間要比某些外星文明「領先一步」的時間短得多。（當然，有關不明飛行體〔UFO〕確實已經造訪過我們的論點層出不窮⑬；有些人聲稱曾被外星人綁架過。一九九〇年代，他們最喜愛的「來訪名片」〔visiting card〕是玉米田裡的「奇特圓形符號」，主要都在英國南部。和大多數研究過這些報告的科學家一樣，我完全不能信服。非常的主張需要非常的證據來支持，可是在所有的案例中，證據都很薄弱。如果外星人真的有來到地球的腦力及科技，爲什麼他們只搶奪幾塊玉米田？或者只滿足於短暫綁架幾個衆所週知的怪人？他們的明證就如百年前招魂術全盛時期中報導的死者訊息一樣，迂腐且不能取信於人。）

也許，我們可以排除人類體型的外星人曾經來訪，可是如果一個地外文明已經精通奈米科技，並把它的智慧轉到機器上頭，其「入侵」可能是由一群不會被發現的顯微探測器所組成。即使壓根兒沒有外星生命造訪過我們，也儘管有費爾密的一問，我們都不應斷言外星人不存在。發送無線電或雷射訊號要比距離之長令人頭腦發昏的星際旅行容易多了。我們已經有能力送出可以被外星文明接收的訊號；確實，只要有大型的無線電天線，他們可以接收到來自反彈道飛彈雷達的強烈訊號，以及我們所有的電視發射台輸出的各種訊號。

加州山景鎮（Mountain View，美國電子及軟體工業的中心）的ＳＥＴＩ研究院正領銜進行地外智慧的探索（Search for extraterrestrial intelligence，簡稱SETI）；微軟公司的共同創辦人保羅・愛倫（Paul Allen）及其他的私人金主予以大力資助。任何業餘人士只要有一台家用電腦，就可以下載及分析一小段該研究院的無線電望遠鏡所收到的數據流。已經有幾百萬的人接受了這項服務，每個人都深受率先發現「ＥＴ」[14]的希望所鼓舞。雖然大眾興趣盎然，令人奇怪的是，ＳＥＴＩ卻很難得到官方的資助，連一部科幻電影所繳的稅金金額也拿不到。如果我是到國會作證的美國科學家（譯按：作者是英國人），替ＳＥＴＩ要個幾百萬美元會比找錢來資助某些專業的科學，或者傳統的科學計畫更讓人快樂。

聆聽要比發送訊號更有意義。任何雙向的通訊都需時數十年，因此會有時間策劃慎重的回應。可是長期觀之，會發展出一種對話。邏輯學家漢斯‧佛羅登特爾（Hans Freudental）提出一整套星際通訊用的語言，說明如何從數學表達方式所需的有限字彙開始，然後逐漸增進、多元化交談的話題⑮。一個顯然是人造的訊號，無論它是打算要讓人解碼的，或是我們所竊聽的宇宙空間的一部分，都會傳達重要的訊息：智慧（雖然不見得有意識）不是地球獨有的。

如果另一顆行星上的演化有任何一點像地球上所臆測的二十一世紀「人工智慧」的情節，最有可能及最能持久的「生命」形態或許就是機器，而製造它們的主人早已被篡了位或者滅絕。我們唯一能探測到的智慧形態，就是導致我們可以辨識的科技出現的智慧，而這可能是所有地外智慧中次要或非典型的一小部分。有些「腦」可以用一種我們無法想像的形式包裝現實，對現實的感知也完全不同。其他的腦可能無法溝通：過著沉思的生活，也許在某些行星的深海之下，不做可以顯露它們存在的事。還有其他的「腦」事實上可能是由超級智慧的「社會性昆蟲」組合而成。智慧生命可能比我們所能探測到的多出許多。證據不存在並不是不存在的證據。

我們對於生命如何起源、如何演化所知太少，因此說不準是否可能有外星智慧。宇宙之中可能早已充滿了生命：果眞如此，對生命在宇宙中的長期未來而言，地球上發生的任何事情都不會有太大的不同。另一方面，智慧的出現可能需要一連串不太可能的事件，而使得我們的地球獨一無二。其他地方可能根本沒發生過，連我們的望遠鏡所及的十兆億顆星球周遭也沒有。

我們也不能判斷什麼是搜尋智慧生命最好的方法。我在前面的章節已經強調過，我們甚至不能確定從現在起一個世紀之後地球主要的智慧形態將是什麼。我們有可能臆想出比我們早十億年發展的生物圈中，會長出什麼東西嗎？我們所知太少，沒有信心去說什麼可能存在，或它會怎樣表現自己，因此我們應當搜尋異常的無線電波發射、光的閃爍，以及我們有儀器去偵測的任何一種訊號，都絕對不能放過。

以某些方式來看，如果對外星智慧的探索注定要失敗，我們會非常失望。可是從另一方面來看，這樣的失敗會提升我們在宇宙中的自尊：如果我們渺小的地球是智慧生命獨一無二的居所，比起萬一銀河系中充滿了複雜的生命，我們對它的看法會比較不謙遜。

13 深入太空——地球之外的展望

如果探測機器人及裝配機器人擴散到整個太陽系之中，人類會不會追隨它們的腳步？地球之外的社區（如果有的話），會是由願意冒險、崇尚個人主義的拓荒先鋒建立的。到太陽系之外遊歷，是一個更遙遠的後人類希望。

一九六〇年代有個影像，是第一張從太空拍攝地球的照片，展現出地球球形的外貌。強納森·雪爾（Jonathan Schell）建議，這張照片應當以另一張同樣對焦在我們的行星上，但景深是時間而非空間的照片來搭配：「值得重視的景象是從地球、從生命之內看出去的……。從地球的優勢地位看出去的另一幅景象——比以空間觀之更顯長遠的景象——展開了。這是我們的子孫，以及所有人類的未來世代，在未來的時間中延伸……。要切斷川流不息的生命與人類未來的想法，令人震驚，也違反自然，和生命的脈動大大衝突，使得我們幾乎一想到就要作嘔，也不能置信。」①

先採取預警的措施，以保證無論發生什麼事人類都有某些東西會倖存下來，究竟值不值得？我們之中的大多數人都關心未來，這不僅是出於個人對子孫的關懷，也因爲如果我們的努力不屬於一個持續不斷的過程，不能在未來獲得共鳴，這些努力的重要性就會大打折扣。

聲稱移民到太空能解決人口問題，或者說地球上願意離開的人不是極少數，都是絕對的荒謬。如果有一場災難使得人口數大減，倖存者住在荒頽的世界裡，過著原始的生活，他們還是會發現，地球的環境比其他任何行星都適於人居。儘管如此，即使只有少數居於地球之外的先鋒，也能防範最慘的災難——滅絕所有的人類，因而封殺智慧生物的未來。

發生「自然」成因的全球性浩劫，是永遠存在的輕微風險，而來自二十一世紀科技的風險，又使之大大提高。只要人類還是被侷限在地球上，就會脆弱如昔。是否值得以巴斯卡式賭注的精神，不僅針對天然發生的災難做保險措施，還兼及那些可能大上許多（而且確定還在繼續增大）、前幾章討論到的人類引起的浩劫？一旦能在地球之外建立自謀生計的社區——在月球上、火星上，或者任意地懸浮在太空中——即使面對最糟的全球性災難，我們這個物種也不會受到傷害。

因此，在太陽系的其他地方建立一個能維持下去的棲息地，可行性到底有多高？還要多久才能讓人類重返月球，甚至去探索離家更遠的地方？

載人太空飛行可否再起？

現在正值中年的人，都記得從雜訊干擾的電視實況轉播中，看到阿姆斯壯（Neil Armstrong）的「一小步」。一九六〇年代，甘迺迪總統計畫「在六〇年代末之前讓人類登陸月球，並安全歸來」，把太空飛行從早餐玉米片的包裝盒變成事實[2]。而那似乎僅是開始而已。我們想像接下來的計畫：一座永久的「月球基地」，類似已在南極建立的基地；甚至想像出繞著地球運轉、龐然的「太空旅館」。遠征火星似乎是理所當然的下一步。可是這些事沒一件發生。二〇〇一年一點也不像克拉克的描述，就如一九八四年也（幸運地）不像歐威爾的預言。

與其說阿波羅號登陸月球預告了一項持續不墜、志向更加遠大的載人太空飛行計畫，不如說是一首短暫的插曲，主要是受到「打敗俄國」的動機所驅策。

最後一次登陸月球發生於一九七二年。現在比三十五歲小很多的人，沒有誰能記得什麼時候人類在月球上漫步。對年輕人而言，阿波羅計畫是遙遠的歷史事件：他們知道美國人讓人類登陸月球，就跟他們知道埃及人建造金字塔一樣，可是做這些事的動機，簡直就跟另一個例子一樣古怪。一九九五年上映的《阿波羅十三號》（*Apollo 13*）是一部根據眞人眞事改編的電影，由湯姆·漢克斯（Tom Hanks）主演，劇情描述詹姆士·洛威爾（James Lovell）及他的隊員在繞月飛行時差點大難臨頭。對我而言（我猜對其他年代相仿的人亦然），這部電影喚起了一段回憶，當時每個人都焦慮地緊追事情的最新發展。可是對年輕的觀衆來說，那些過時的玩意兒和「合宜舉止」的傳統價值觀，看起來簡直和傳統的「西部片」一樣老掉牙。

載人太空飛行從來就沒有很強的實用價值，而隨著機器人學及微型化的進展，實用價值更是愈來愈小。讓我們能夠在地球上使用行動電話及高性能筆記型電腦的技術躍進，同樣裨益了通訊、氣象學及航運，使之對於太空的運用能穩健進展。用無人探測器來執行具有科學目的之太空探險，效果可以更好（也更爲便宜）。數目龐大的微型化機器人探測器——「智慧機械」——在二十五年後將會遍佈整個太陽系，傳回行星、衛星、彗星以及小行星的照片，揭露它們的組成成分，也許能用上頭發現的原料製成人造物。可能會有來自太空的長期經濟效益，可是這些會由裝配機器人來執行，而不是人類。

可是，載人太空飛行的前景又如何呢？一九九〇年代，俄國的太空人花上數月、甚至數年的時間，待在日漸老舊的「和平號」（Mir）太空站中繞行地球。二〇〇一年，和平號最後降落在太平洋中，結束了任務，此時早已超過它被設計的使用年限很久了。接替它的是國際太空站（International Space Station, ISS），這將是最昂貴的人造物，卻是太空中的「呆子」。即使能完工（看來仍在未定之天），因爲不斷增加的巨額費用，加上進度一延再延，不論它能有什麼成就，都無法使人信服物有所值。人類踏上月球三十年後，新一代的太空人繞行地球時比以前待在和平號上舒服，但也更爲昂貴。本書寫作之時，太空站上的太空人已減縮爲三人，原因是安全及財務的考量：他們必須全心料理「家務」的重任，使得任何太空人都更不可能去從事認眞或有趣的科學計畫③。確實，在國際太空站上做研究對大多數的科學工作都不盡理想，就像在船上研究以地面爲基準的天文學一樣。美國的科學界甚至堅決反對國際太空站，最後放棄這項反對運動的原因，是政治的浪頭勢不可擋。他們的話沒有人聽，眞是令人難過：不能把政府的資助轉到同樣的航太公司，去進行其他有用或有啓發性的計畫。國際太空站兩方面都做不到，眞是浪費資源的失敗政策。

只有一個理由值得替國際太空站鼓掌：如果你相信長期觀之太空旅行會變成家常便飯，這項持續中的計畫可以保證，四十年來美俄兩國在載人太空飛行上的經驗不會化爲烏有。

載人太空飛行的復甦，一定要等待科技上的轉變，以及——也許更重要的是——形式的改變。現在的發射技術太過奢侈。如果每次飛行過後，飛機都要重新組裝，搭飛機旅行也會一樣地奢侈。只有當科技能造出接近超音速的飛行器時，我們才負擔得起太空飛行。屆時進入軌道的旅遊也許就可以變成家常便飯。美國的金融家丹尼斯・提托（Dennis Tito）及南非軟體大亨馬克・沙托渥斯（Mark Shuttleworth）已經付了兩千萬美元，換取在國際太空站上度過一星期。即使價格這麼高，還是有人排隊想追隨這些「太空旅行者」的腳步；如果票價再低些，會有更多的人想去。

長期觀之，民間人士確實不會對自己設限，只甘於扮演環繞地球的被動乘客角色。當這類脫離常軌的作爲變得過於平淡乏味，某些人會失去興趣，渴望更進一步。深入宇宙的載人探險可能完全由私人或財團資助，也許會變成富裕冒險家的天下，就像試飛員或南極探險家，準備好接受勇敢探訪遠處新疆界的高度風險，體驗超越駕駛大型遊艇或者以熱氣球環遊世界的刺激。阿波羅計畫是政府資助的半軍事大計畫；未來的探險可能在形式上相當不同。如果比爾・蓋茲（Bill Gates）或拉瑞・艾力森（Larry Ellison）之流的高科技鉅富想要尋求挑戰，讓他們的晚年不致於平淡地收場，他們可能會贊助建立第一座月球基地，甚至是遠征火星。

到火星的「便宜」路徑

如果火星探險在不久的將來會開始，可能會採用特立獨行的美國工程師羅柏・朱步靈（Robert Zubrin）所鼓吹的形式。太空總署聲稱一次探險的花費會超過一千億美元，令人聞之卻步，而朱步靈的回應是提出一個廉價的「直往火星」策略，不經過國際太空站④。他的目標是避免碰到早先的計畫中一個主要的問題：去程必須攜帶回程所需的所有燃料。他在著作《火星案例》（*The Case for Mars*）中提出他的建議，首先要直接送一具能製造回程燃料的無人探測器到火星上去。它載著一具化學加工設備、一具小型核子反應器，以及一枚可以運回第一批探險者的火箭。這枚火箭並不滿載燃料：它的燃料槽中裝滿了氫。核子反應器（由一台拖拉機拖著，這拖拉機也是第一批載送的物件之一）產生化學加工設備所需的能量，加工設備用氫把火星大氣中的二氧化碳轉化爲水和甲烷。然後把水分解，儲存氧並回收所得到的氫，以製造更多的甲烷。回程火箭用的燃料就是甲烷和氧。六噸的氫可以製造出一百噸的甲烷，足以供應太空人回程火箭所需的燃料。（當然，如果能從火星表面下不太深的永凍層中取得水，製造燃料的部分過程還可以跳過。）

兩年後再發射第二及第三艘太空船⑤。一艘載運和第一艘類似的貨物，另一艘載送人員，以及足夠在火星上停留達兩年的糧食。載人的太空船走比貨船快的路徑⑥。這表示，等到（且除非）貨船已經安全上路後人員才出發，但人員還是可以趕在貨船之前抵達火星。如果他們降落的地點不幸離想要去的位址（第一艘貨船降落的地方）太遠，還有時間可以把貨船轉向，降落在人員的附近，因此無論他們降落在哪裡，都有充足的補給品。一旦這項探路的任務完成，可以每隔兩年派出一艘或更多的太空船，逐步擴大基礎建設⑦。

有沒有人想去？這和地球上的探險有些相似的地方。地球上的探險受不同種類的動機所驅策。十五、十六世紀從歐洲出發的探險家，金主主要都是君主，這些國王希望可以得到異國的商品或者到新領地去殖民。有些探險活動由公衆贊助，例如十八世紀庫克船長三度遠征南海，至少懷抱著一部分科學的雄心壯志。而對某些早期的探險家來說——通常都是最有勇無謀的傢伙——這項大業主要是一種挑戰及冒險；也是今日的登山者及駕船環遊世界者的動機。

第一位火星遊客，或是第一位月球基地的長期居民，可能是受到其他的動機所驅使。風險高；可是事實上，沒有一位太空旅行者前去探險之處，未知的程度會和地球上偉大的航海家所面對的一樣高。這些早年的航海者，事前對於他們可能遇到什麼知之甚少，許多人因而送命。沒有一位太空旅行者和人類的通訊會被切斷。當然，我們得承認送出的訊息在火星與地球之間往返需要三十分鐘。可是，傳統的探險家送個訊息回家要耗時數個月；而且有些人——其中包括史考特船長（Captain Scott）及其他極地探險的先鋒（編按：一九〇一年，英國第一艘以學術研究爲目的之汽船「發現號」〔Discovery〕由史考特船長掌舵，啓航前往南極進行探勘）——連這類的聯繫都沒有。

開拓新世界時，輸贏很大。所有人都有去有回，似乎已被視爲定理。可是，最有決心的開拓者也可能做好了準備：他們會有去無回——就如許多歐洲人朝新世界出發時，心甘情願接受的想法——我們可以發現，有許多人爲了榮耀及歷史的原因，願意犧牲自己；放棄了有朝一日回家的可能，他們就不必攜帶回程所需的火箭外殼及氫，因而大幅降低成本。如果前去建造火星基地的人都願意只買單程票，基地的開發可以更快。

未來學家及太空的狂熱者經常敦促「全人類」或「國家」應當選擇有所作爲。太空探險的開端，的確是政府資助的半軍事計畫。可是這個說法不適用於在二十一世紀用人去開拓太空的大膽舉動。大多數偉大的創新及成就的開始，不是因爲它們是國家的目標，更非全人類的目標，而是出於經濟的動機及純屬個人的執迷。

如果推進系統的效率可以更高一些，這項大業會變得更便宜也更可靠。目前，把一噸的載重量推離地球引力的控制範圍，需要耗費好幾噸的化學燃料⑧。太空旅行之所以困難，主因就在於要把燃料消耗減到最少，一定要非常精確地規畫飛行的軌跡。但若能做到，好比每一公斤的燃料有十倍的推力，一有需要隨時都可以在中途調整，就好像我們在一條蜿蜒的道路上開車一樣。如果開車必須先把行程設定好，途中沒有機會調整，那麼開車上路就是件非常精密的大事。如果我們可以揮霍能源及燃料，太空旅行就會變成幾乎不需要技巧的工作。目的地（月球、火星，或是一枚小行星）清楚在目。你只要朝目的地駕駛，在旅程的終點用減速火箭來煞車就行了。

我們還不知道哪一種新型的推進系統最有希望成功：短期內太陽能及核能是兩種選擇⑨。如果脫離地球引力所需的推進系統和燃料可以安裝在地面上，不必變成所載貨物的一部分，便會大有幫助。可能之一是用設置在地面、威力極強的雷射。另一個是太空昇降機，一根延伸逾兩萬五千公里的碳纖纜線，直入太空，上頭由一枚同步衛星拉著。（碳製的奈米管延展性夠強。非常薄的碳「紗線」已經做到三十公分長⑩；尚未解決的挑戰是製造出極長的管子，或者想出方法把許多根織成一條非常長的纜線，但保有個別的強度。）這些「昇降機」可以利用地面上的動力把載重及乘客拉上去，脫離地球引力的範圍。剩下來的旅程可以用低推進力（也許是核能）的火箭來推動。

在人類到太空深處去探險之前，整個太陽系會先被微小機械人的探測船隊勘查過，並描繪出其形貌；這些船隊由奈米科技所提供、更加強大及微型化的「處理器」控制。在人類遠征火星之前，朱步靈所想像的必需品會先到達，也許還有設計好能在這顆紅色的行星上茁壯及繁殖的植物種子。戴森想像出一種經基因改造的「特製樹」，可以長出一層罩住自己的薄膜，具有溫室的功能。

有人提議過用蠻橫的方法把整個火星的表面「地球化」，使得它更適合居住。可以把溫室氣體注入它稀薄的大氣中，或在軌道上放置巨大的鏡面，把更多的陽光射到極地，甚至於在它廣闊的表面上覆蓋一層黑色物質——煤煙或玄武岩（暗色火成岩）粉末——來吸收陽光。地球化過程需要幾個世紀才能完成；可是在一個世紀之內就可能出現永久的火星基地了。一旦有了基礎建設，往返旅行的成本會下降，也可能更為頻繁。

關於環境的倫理議題可能會浮現。我們能否接受開發火星，就如當年那些拓荒先鋒橫越美國，向西部挺進（為美國原住民帶來悲慘的後果）？或者應當把它保留為一處天然的荒野，如同南極洲？我想答案取決於火星的原始狀態是什麼。如果那裡已經有生命——特別是當它擁有不同的DNA，證明其起源和地球上的任何生命都不同——那麼就會有廣泛的聲浪認為要讓當地儘量不受污染。真會發生什麼，也取決於最初遠征的性質。如果是政府（或國際）的遠征隊，南極洲模式的限制也許可行。另一方面，如果是由私人資助、具有自由企業（甚至無政府）性格的探險，無論我們喜不喜歡，大西部的模式很可能佔優勢。

深入太空

我們不必只把焦點鎖定在月球及火星上。生命最後可能會在彗星與小行星之間傳佈，甚至到達太陽系寒冷難及的外圍區域：太陽系中數量龐大的小天體表面，都是遠比行星表面還大的棲息地。

另一個選擇就是建造一個自由懸浮在太空中的人造棲息地。遠在一九七〇年代，普林斯頓大學的工程學教授吉拉特・歐尼爾（Gerard O'Neill）就曾經研究過這個辦法。他想像有一艘極大的筒狀太空船，慢慢地繞著自身的軸轉。居民住在牆的內部，靠自轉產生的人工引力固定在牆上。這個圓筒要大到能有大氣，甚至還有雲雨，可以容納成千上萬的人，按照歐尼爾幻想的模樣，其環境也許就像樹繁葉茂的加州郊區。建造這些巨大結構的材料，都必須從月球或小行星上「開採」而來⑪。歐尼爾有一點沒說錯，一旦能在太空中執行大規模的機器人工程計畫，不必使用從地球運上去的原料，就有可能造出規模極大的人造太空平台。

歐尼爾這些特定的劇本也許在技術上可行，可是從社會學的觀點來看，卻令人難以置信。一個含納幾萬人的脆弱結構，要比地球上整合的社區更容易受到單一破壞行爲的傷害。較爲分散的小棲息地，會有比較堅實的機會存活及發展。

二十一世紀下半葉，可能會有幾百人住在月球基地中，就和現在的南極一樣；有些拓荒先鋒可能已經住在火星上，或在附著於彗星或小行星上的人造小棲息地，巡弋太陽系。太空中也會遍佈機器人及智慧「裝配員」，用從小行星上開採所得的原料去建造規模愈來愈大的結構。我並不特別提倡這些發展，可是從技術上及社會學上來說，它們都看似有理。

遙遠的未來

在更遙遠的未來世紀中，機器人和裝配器可能已經遍佈整個太陽系。人類會不會加入這場大分散，則更難預測⑫。如果眞是如此，就會發展出某種程度上最後獨立於地球的群落。如果沒有任何限制，某些群落肯定會用盡所有的基因技術，分化爲新物種。（小群體中因爲基因差異性小所受的限制，可以用人工誘引的基因組變異加以克服。）不同的物理環境——在火星上，在小行星帶中，以及在更冷的太陽系遠處，都非常不同——會重新帶給生物多樣化一股推力。

雖然經常有人表示異議，可是要以廣闊的太空來解決地球上的資源或人口問題，希望不大：如果問題不因前文所臆測地球文明遭受的災難性反挫而自然消失，我們在此得加以釐清。太空中的人口最後也可能呈指數成長，但這會是出於他們獨立的成長，而不是來自地球的「移民」。驅策那些人進入太空的是探險慾。可是他們的選擇會有劃時代的後果。一旦跨越在太空中自謀生計的門檻，無論地球上有任何危險，生命的長期未來都能獲得確保（唯一的例外是毀滅太空本身的浩劫）。這會發生在我們的技術文明解體之前，使之變成「可能發生而未發生的事」嗎？在自立的太空社區建立之前，是否會有一場浩劫，盡挫這般的雄心，將希望永遠封殺？我們活在一個關鍵性的時刻，攸關宇宙，而非只和我們的地球有關。

數百年之內，佔居太陽系的生物看起來可能都像人，雖然會有具備人類智慧的機器人來輔助他們（在最不宜人居的地方，這些機器人的數目可能遠比人類爲多）。可是，到太陽系之外旅行，穿越星際空間，如果這些事眞會發生，將是後人類的挑戰。最初的旅程都牽涉到機器人探測器。這些旅程將會延續許多人類的世代，需要一個自給自足的群落，或者暫時中止所有活著的智慧生物的生命現象⑬。要不然，可以把基因資料或者藍圖下載到無機的記憶體中，然後把它們裝進微型的太空船，送入宇宙。我們可以把程式設定好，讓它們降落在有希望的行星上，複製自身，從而遍及整個宇宙。甚至可能以雷射傳送「編碼」的資訊（一種達到光速的「太空旅行」），觸發人造物的組裝，或在有利的地點為生命體「播種」。這類的概念使得我們面對關於資訊的貯藏，以及認同的哲學意涵等深奧的問題。

這是演化中劃時代的轉變，其革命性就跟導致地球上出現陸生生物的轉變一樣。但這可能還只是宇宙演化的開始而已。

億萬年的前景

天文學演講中有一則陳年軼事，描述一位憂心的聽衆問道：「你說要多久太陽才會把地球烤焦？」聽到答案是「六十億年」後，這位提問者鬆了一口氣說：「謝天謝地，我以為你說的是六百萬年。」在那麼遠的未來發生的事，跟我們的現實生活顯然毫不相干。可是我不認爲宇宙的因果與我們看待地球及人類未來的方式全然無涉。

偉大的生物學家克利斯汀·德·杜夫（Christian de Duve）想像「生命之樹可以到達目前高度的兩倍。這可以透過人類一脈的繼續成長而成，可是不一定得如此。有充分的時間讓其他的嫩枝發芽茁壯，最後到達比我們所佔據的位置還要高的高度，而人類這一脈卻枯萎了……。會發生什麼，某種程度上取決於我們自己，因爲我們現在已經有了決定性的力量，可以影響地球上的生命及人類的未來。」⑭

達爾文本人注意到，「沒有一個活著的物種，能毫無改變地將外貌遺傳給遙遠的未來世代。」我們這個物種變化與分歧的速度可能會比以前的人類快，憑藉的是以智慧控制的改變，而不是單憑天擇。遠在太陽終於把地球表面吞噬得一乾二淨之前，繁多的生命或其製品可能已經遠颺到原來棲息的行星之外；前提是在這過程開始之前，我們能夠避免無可逆轉的浩劫發生。他們可以展望近乎無垠的未來⑮。蟲洞（wormhole）⑯、額外的維度，以及量子電腦開啓臆測的情節：最終把我們的整個宇宙轉變爲「活宇宙」。

三億多年前的志留紀（Silurian era），第一隻水生動物爬上乾燥的陸地。牠們可能只是不討人喜歡的野獸，可是如果當時牠們被擊倒，陸生動物的演化就會遭殃。同樣地，後人類的潛力之大，連最厭世的傢伙都不認爲，人類會用自己的行爲封殺後人類的潛能。

14 後記

傳統的西方文化預見了歷史的開始與終結，可是兩者之間的時距相當有限——僅有區區數千年。（然而，有許多人詢問亞爾馬〔Armagh，位於今天的北愛爾蘭南部〕的大主教詹姆士・烏舍爾〔James Ussher〕這件事的正確性，而他的著名事蹟，是確認上帝創造世界的時間爲公元前四〇〇四年十月二十二日，星期六的下午①。）再者，世人普遍相信歷史已進入最後一個千禧年。對於十七世紀的散文家湯馬士・布朗（Thomas Browne）爵士來說，「世界本身似乎正在衰敗。去日遠比來日爲多。」

對烏舍爾的心智來說，創造世界和創造人類在一星期之內相繼發生；對現代人的心智來說，這兩件事發生的時間相距之遠無可想像。有一大段時間沒有我們的存在，在每一塊岩石中，都有這段時間的紀錄瞪著我們看。地球生物圈的演化，現在可以追溯到幾十億年前：我們這個實體宇宙的未來還會更長更久，甚至於無窮盡。可是，即使對於過去和未來的視野擴大了，有段時間的長度卻已然縮減：我們的文明在崩潰之前，甚至是在歷經終結的啓示之前，還能維持多久？最悲觀的估計，會比我們那些虔誠地爲在他們有生之年都無法完工的大教堂添磚加瓦的祖先所判斷的還要短。地球本身有可能經久不墜，可是當垂死的太陽要燒焦地球之際，對付這場危難的不會是人類；甚至，應付地球資源耗盡問題的，也不是人類。

我們這個太陽系的一生，始於從宇宙雲中誕生，止於太陽臨終前的迴光反照，如果將整個生命周期用一年的時間「快轉」播放，那麼有歷史記錄的時代會全部落在六月初，所佔的時間不到一分鐘。二十世紀會在三分之一秒中一閃而過。下一秒鐘的幾分之一將是「緊要關頭」：在二十一世紀中，人類因誤用科學所造成的風險，要比以前任何時刻都來得大。而人類的集體行爲所導致的環境壓力，可能觸發比任何自然凶險都更具威脅性的災難。

數十年來，我們身處核子大屠殺的風險之中。我們全身而退了，可是回首觀之，我們之所以能倖存，內在的有利條件和運氣各佔一半。再者，最近的知識（特別是生物學領域）已經開啓了非核的危險，使得下半個世紀可能更沒有希望。核子武器給了率先攻擊的國家極具毀滅性的優勢，凌駕任何可以辦到的防禦措施。新科學不久就會賦予小團體、甚至個人，同樣超越社會防範的能力。我們這個相互聯結程度日漸提昇的世界，也深受新風險的威脅：「生物」或「資訊」的恐怖行動或失誤。這些風險無法消除。確實，如果不侵犯某些我們珍視的個人自由，就很難阻止這些風險的增長。

生物科技所開啓的福祉非常明顯，可是一定要與隨之而來的危險及倫理上的限制取得平衡。機器人學或奈米科技也牽涉到取捨的問題：如果誤用，可能會有災難性甚或無法控制的後果。實驗者對於科學的「例行公事」必須小心謹慎；就算有必要喊停某種研究，暫時性的禁令永遠無法在全球有效落實。

無論是類似H・G・威爾斯的想像者，或是與他同時代的科學家，在預測二十世紀的科學重點上都不太成功。當下的世紀更不容易去預測，因爲有增補或改變人類智能的可能。可是任何全然不被懷疑的新進展，也可能造成新的危險。科學家們有項特別的責任：他們應當留心自己的成就可能如何被應用，盡其所能去提醒更廣泛的大眾，注意潛在的危機。

有項關鍵性的挑戰，就是去了解生命的本質：它如何起源，以及是否存在於地球之外。（對我個人而言，在所有科學問題之中，這是我最渴望獲得解答的一個。）有可能發現外星生命——甚至可以想像發現外星智慧。地球可能是幾百萬顆有居民的行星當中的一個：我們可能是住在一個對生物友善、已然充滿了生命的宇宙。果真如此，地球上所發生最劃時代的事，甚至連人類徹底滅絕，也算不上宇宙級的事件。套用十八世紀的天文學家及神祕主義者——德罕的湯馬士·萊特（Thomas Wright of Durham）的話語：「在偉大的寰宇萬物之中，一個世界（就像我們的世界）的浩劫，甚至連讓世界的體系完全解體的浩劫，對創造自然界的上帝來說，可能都不會比我們生命中最平常的小意外更重要。這種席捲一切的最終末日也可能很常見，就如同我們在地球上的誕生和死亡一樣。」②

但也可能證明出現生命的機率極低，因此地球的生物圈在我們的銀河系中，是有智慧及有自覺的生命獨一無二的棲息地。小小的地球，其命運將會有眞正宇宙級的重要性——其重要性將會響徹萊特的「偉大的寰宇萬物」。

很自然的，我們主要關心的是當下這一代人的命運，以及降低我們所面對的威脅。可是對我來說，也許對其他的人（特別是沒有宗教信仰的人）也是，放眼宇宙的視野加強了我們的使命，要珍愛宇宙中這個「蒼白的藍點」。這項使命應該也會啓發我們，就算所面對的科技創新其負面效應會導致浩劫的機率不大，態度亦須謹愼。

本書的主題是，人類現在所受的風險之高爲史上首見。廣袤的宇宙可能有無垠的未來。可是在這些邈遠的時間中，究竟是會充滿生命，或者和地球最初無生命的海洋一樣？將決定於我們在本世紀中所做的抉擇。

註釋

序

①Nanotechnology。一奈米（nanometer）是十億分之一米，奈米科技指的是能製出十億分之一米大小機械的技術（原子的大小約爲一千億分之一米）。——譯註

②據估計，每隔一億年會有一枚直徑約十公里的小行星撞擊地球表面，造成的煙塵可以遮蔽全球，數年不去。上一次的撞擊約發生於六千五百萬年前，地點在墨西哥南部，造成一個寬達二百公里的海灣。一般古生物學家認爲此次撞擊使得地面草木枯萎，導致恐龍絕跡、哺乳類興起。本書稍後會做更詳細的解釋。——譯註

1 前言

①鏈式反應（chain reaction，另一俗名是連鎖反應），最先用於核反應上。一個原子核（如鈾二三五或鈽二四〇）的分裂能釋放出一些中子，這些中子再引起更多的核子分裂，如果情況適當，反應就會不可收拾地擴大，即是鏈式反應。（其實許多化學反應都屬於此類，包括燒煤、炸藥的爆炸等。煤的分子要達到某個溫度才能燃燒。要先點火讓一些煤燃燒，才能再把其他的煤點燃。）這就是核子彈的原理。在反應器中控制住鏈式反應，不使反應無限制地擴大下去。本段所說的鏈式反應其來龍去脈如下：在紐約州長島的布魯克海文（Brookhaven）國家試驗室（以原子、核子及粒子研究聞名）造了一架極大的加速器，要讓高能量的重原子（如黃金）互撞。因爲原子很大，故這類高能量的撞擊可以模擬宇宙誕生時的高溫情況。網路上一些好事之徒就謠傳，這類的互撞會造成鏈式反應，把地球上的一切物體都毀滅。謠言聲勢之大，使得實驗室不得不數次公開闢謠。本書後面的章節會再次提到。——譯註

②奇愛博士（Dr. Strangelove）是六〇年代以之爲名的電影中，一個主要角色的名字。他

發明了一種能自動發射的核彈，運用之後世界各處所有的核彈都會一一爆發，使人類全數毀滅。電影中，一架載了核彈的飛機在中途通訊失靈，而它接受的訓令是，如果五角大廈（美國國防部所在地）不召回，就要攻擊前蘇聯，因此直飛莫斯科把核彈丟下。原著影射一位六〇年代的戰略家赫曼·康恩（Hermann Kahn）。他寫了一本書《論熱核戰爭》（*On Thermonuclear War*），闡述熱核戰爭的可行性。書出版後一時輿論大嘩，因此有一位作家寫了這本小說來加以諷刺。熱核子彈（thermonuclear bomb）是在鈾二三五核子彈之外加上一層帶有氚（原子量為三的氫同位素）的外殼，以鈾核子彈爆炸時的高溫（一億度）引發氚的熱核融合反應，理論上威力可以無限增加，可是一般只做到等同於數百萬噸的黃色炸藥，比鈾或鈽核子彈的威力要高上好幾百倍。——譯註

③最著名的核武戰略專家是赫曼·康恩(Herman Kahn)，著有《熱核戰爭》(*On Thermonuclear War*)，普林斯頓大學出版社，一九六〇年。

④中國周末的戰國時代就是這種情形。當時的貴族統治制度已逐漸瓦解，社會開始混亂，政府沒有威信，因此出現了許多哲學家（其實可以說都是社會學家），從老子的虛無主

義（復古的破壞主義）到孔子的中庸，到法家極端以法爲治的主義。最後把這種混亂局面治好的是商鞅的變法，方法雖殘酷，可是卻徹底重新建立社會制度。可是最後把中國社會帶向較穩定的局面的，卻是孔子的中庸政策。在目前的民主時代，商鞅的變法方式絕無實行的可能。——譯註

⑤見本福得所著的《深邃的時間》（*Deep Time*），紐約：亞文圖書（Avon Books），一九九九年。

⑥見蘭姆西所著的《數學的基礎及其他關於邏輯的散文》（*Foundations of Mathematics and Other Logical Essays*），頁二九一，倫敦：齊根、保羅、崔區與楚布納出版社（Kegan Paul, Trench and Trubner）。一九三一年在他身後出版。

⑦這句話在基督教文化的西方有重大意義：一般文化已經認可演化論，摒棄上帝在七日內造出世界的神話。——譯註

⑧要更進一步了解宇宙的歷史，請參閱拙作《我們的宇宙棲息地》（*Our Cosmic Habitat*），普林斯頓大學出版社及鳳凰平裝書出版社（Phoenix Paperback），二〇〇三年。

2 文明歸零——新科技前景？

①威爾斯（Herbert George Wells, 1866–1946），英國歷史學家及小說家，以創作科學預言小說聞名，最著名的作品是《時間機器》。——譯註

②威爾斯於一九〇二年一月二十四日在皇家學院發表的這場演講，很不尋常地在《自然》（*Nature*）期刊中全文重刊。活動說明上稱他爲「科學學士H・G・威爾斯」：他對於自己能藉由倫敦大學的校外教育（external education。譯按：類似函授教育）得到學院的學位，深感自豪。

③赫胥黎（Thomas Henry Huxley, 1825–95），英國生物學家，兩個兒子在科學、文藝方面都極有名。本書提及達爾文的演化論，其實另一位英國人華萊斯（Alfred Russell Wallace, 1823–1913）和達爾文幾乎同時提出此說。現在科學界及一般人已接受演化論，但基督教中的基本教義派仍堅持上帝造人的教條。——譯註

④尼安德塔人（Neanderthal）是在德國尼安德塔河流域發現的舊石器時代原人。——譯註

⑤《改造伊甸園》，紐約：亞文圖書，一九九七年。

⑥實際上，機翼雖然給飛機帶來昇力，卻也是最大的阻力來源。雙翼飛機發明之後，發現雖然用較小馬力的發動機就可以昇空，可是不能達到很高的速度。自從引擎的馬力增大後，就把雙翼機淘汰了。——譯註

⑦法蘭西斯・培根（Francis Bacon, 1561–1626），英國散文家、哲學家及政治家，以「知識就是力量」一言舉世聞名。——譯註

⑧邁射（maser，一譯「微波激射器」）的共同發明者湯斯（C. H. Townes）在他的著作《造波》（*Making Waves*，史普林格出版社〔Springer-Verlag〕，一九九五年）中，描述了太空總署的這項研究，並做了有趣的評論。

⑨原文爲moonshine，原意是月光下一時興起的愚蠢想法，美國私酒也稱爲moonshine。——譯註

⑩亞瑟・克拉克（Arthur Clarke），英國科幻小說家，於一九四四年預測，如果放三枚通訊衛星在同步軌道上，就能進行全球通訊而不需要轉播站。現在把同步衛星的軌道區稱爲克拉克帶。下文中提到他對月球基地及繞地殖民區的預測，是他和一位製片家司丹利・庫伯力克（Stanley Kubrick）在一九六七年出品的科幻片《二〇〇一：太空漫遊》

（*2001: A Space Odyssey*）中，描述發生在二〇〇一年的事。——譯註

⑪科學和科技現在有很複雜的共生關係，而一百年前這種關係還不存在：研究激發應用；同樣地，新科技和儀器促進科學上的發現。

⑫見《性靈機器時代》，紐約：維京出版社（Viking），一九九九年。

⑬普林斯頓大學的電機工程師提出一項可望成功的技術，其中牽涉到把所需的電路形式蝕刻在石英薄片上，上面放一層矽，然後用一道雷射把接觸到石英模子的矽融化。

⑭這是最近針對奈米科技短期內有何展望所做的研究。見道格拉斯・莫荷爾（Douglas Mulhall）所著的《我們的分子未來》（*Our Molecular Future*），普羅米修斯圖書（Prometheus Books），二〇〇二年。

⑮見摩拉維克所著的《心智的子女：機器人及人類智慧的未來》（*Mind Children: The Future of Robot and Human Intelligence*），哈佛大學出版社，一九九八年。

⑯見史溫（H. Swain）編輯的《科學大哉問》（*Big Questions in Science*），頁一五九—一六三，倫敦：Jonathan Cape出版社，二〇〇二年。

⑰前註提到過的亞瑟・克拉克在一九六〇年代曾寫過一本不太知名的科幻小說《星與城

市》（*The City and the Stars*）。在這部小說中，人類居住在一座由電腦管理的城市內，過著幾乎可說是長生不老的生活。人的身體已經完全完美化——不會生病，沒有癌症，可以活上數千年甚至於上萬年。壽限到時，前去一處電腦控制的「創生廳」（Hall of Creation），自己選擇要留下的記憶，以及什麼復活的時間。電腦一開動，肉體瞬時不見——物化。電腦把這些記憶儲存起來，到了復活的時候，人又突然出現在創生廳中，只剩選擇要留下的記憶。所有的人都失去進取心，滿意於這種週而復始的城中生活。可是這部電腦的創造者留下一個伏筆。每隔一段時間就會有全新的人從嬰兒階段創生，有這麼一位新的人類，因爲好奇，想盡方法溜出城外，發現了城外的世界。這個發現讓城裡恢復生氣。另一本小說《童年末日》（*The Childhood's End*）中，有這麼一個故事：正當核子冷戰的顛峯期間，外星人來了，控制住人類，消弭了核子戰爭的危險。他們選出許多有超群智力的小孩，讓他們的能力盡可能發展，結果演化出一個有共同意識的群體。最後地球毀滅時，這個群體仍在，可是沒有肉體，只有共同意識的存在。

——譯註

⑱奇點是數學的觀念，在這一點數值變成無窮大。最常見的奇點是 $1/x$，當 x 趨近於零時，

1/x 變成無窮大。——譯註

⑲ 維因吉有關奇點的文章見於一九九三年的《全地球》（*Whole Earth*）雜誌。

⑳ 按目前的物理觀念，沒有辦法達成隨意時間旅行的目標。我們天天在做時間旅行，即從今日到明日。愛因斯坦的相對論可以讓人們快些到未來去，可是無法回到過去，要不然會違反因果律（例如回到過去把自己的父母殺死，因此也就沒有自己，所以也不可能回到過去）。空間彎曲是把空間如紙一樣地彎過來，紙上相距很遠的兩點，距離可以變成很近。科幻小說及電影中以此克服愛因斯坦理論的設限：所有物體及過程的速度都不能比光快。空間彎曲理論目前沒有實驗的基礎。——譯註

㉑ 在上個千禧年（即第一個千禧年，西元一〇〇〇年）時，不少人（大多是基督教的非正統支派）認爲能趁此機會進入天堂，甚至不惜毀滅城市。其實這些千禧年都沒有意義：第一，耶穌出生的年份不知，只知道在（西元）前四世紀之前；第二，因爲「〇」這個數字直到第九世紀時才發明，因此眞正的千禧年（如果有任何意義）是一〇〇一或二〇〇一年，而非一〇〇〇或二〇〇〇年。——譯註

㉒ 見戴森所著的《21世紀三事》（*The Sun, the Genome and the Internet*），牛津大學出版社，

一九九九年。

㉓見布蘭德所著的《今日永存之鐘》，紐約：Basic Books／倫敦：Orion Books，一九九九年。

㉔《給雷博維茲的聖詠》，Orbit Paperback，一九九三年（一九六〇年首次出版）。

㉕蓋亞（Gaia 或 Gaea），希臘女神，大地之母，用來隱喻地球的生命圈。——譯註

㉖布蘭德在《今日永存之鐘》中引述洛夫洛克的話。

3 末日之鐘——軍備的賭注

①這項估計來自布里辛斯基（Z. Brzezinski，前美國國務卿）所著的《失控：二十一世紀前夕的全球性動盪》（*Out of Control: Global Turmoil on the Eve of the Twenty-First Century*），一九九三年在紐約出版；霍布斯邦（Eric Hobsbaum）在其著作《極端的時代》（*Age of Extremes*，倫敦：Michael Joseph 出版社，一九九四年）中，也支持同樣的數字。

②一九六二年蘇聯暗中在古巴設立飛彈基地。美國知情後，立刻封鎖古巴海岸，並要求前蘇聯於十日內把飛彈撤走，一時間箭拔弩張，雙方積極準備核武戰爭。第八日時，

赫魯雪夫宣佈將撤走飛彈。史稱古巴飛彈危機。——譯註

③Armageddon，《舊約聖經》〈啓示錄〉中善與惡最後的決鬥場，現在用來隱喻可導致世界末日的戰爭。——譯註

④二〇〇二年十月二十二日，《紐約時報》在報導一場紀念古巴飛彈危機四十週年的會議時，引述小史勒辛格的這段話。在這場會議中揭露的新事實，證明當時的世界要比人們先前所以爲的更接近「刀鋒邊緣」。那時美國軍艦以深水炸彈瞄準一艘俄國的潛艇，該潛艇裝配了一枚攜帶核子彈頭的魚雷，艇上三名軍官一致同意就可以發射。所幸年輕的軍官范西利・阿基波夫（Vasily Arkhipov）頂住壓力，反對發射魚雷，避免危機擴大到無法收拾的地步。

⑤這段話是麥納馬拉在接受《國家》（*Nation*）雜誌的強納森・雪爾（Jonathan Schell）訪問時說的。

⑥寧死不紅（Better dead than red.）。紅色是共產國家的代表色，如紅軍，三面紅旗等，這句話是美俄對峙時一些極右派人士的口號。——譯註

⑦目前《原子科學家學報》由芝加哥教育性質的核子科學基金會以雙月刊的形式發行

(http://www.thebulletin.org)。

⑧當時稱爲原子彈，因爲原子物理是彼時最新穎的學門，而核子物理方興未艾。後來有人說化學能才是原子能，而「原子彈」中應用的是核能，此後因而改稱「核子彈」。——譯註

⑨核子彈應用的原理是鈾的二三五同位素或鈽的二三九同位素（此非天然元素，是在原子反應器中產生的）原子裂變，即鈾或鈽的原子核分裂爲原子量約一半的原子核，在此過程中釋放出核能。氫彈利用的是核融合的能量，應用氚（氫的同位素）的融合。（太陽輻射出來的能量來自中心部分的核融合——四個氫原子融合爲一個氦原子。）可是這項反應需要高溫，高溫需要由裂變核子彈產生，而且需要鈾二三五的裂變才能產生，其釋放的能量可以比普通核彈大上數百到數千倍（無理論上的限制）。製造氫彈的科技遠比普通裂變核彈要奧深許多。——譯註

⑩大衛·克洛克特（David Crockett）是美國拓荒英雄，死於保衛德州的阿拉摩（Alamo）戰役中。——譯註

⑪索利·祖克曼（Solly Zuckerman）在《核子的幻覺及現實》（*Nuclear Illusions and Reality*）

一書中引述麥納馬拉的這段話。

⑫核子冬天的概念係由特爾寇(R. P. Turco)、吐恩(O. B. Toon)、艾克曼(T. P. Ackerman)、波拉克(J. B. Pollack)及沙根(Carl Sagan)等五人(合稱爲 TTAPS)於一九八三年的一項研究中提出。該研究在數量方面的細節取決於煙霧及煤灰的釋放量,以及它們能在大氣中停留多久,這是後來引發爭論的主題。

⑬現在關於恐龍滅絕的理論之一是:六千五百萬年前一枚大小爲十公里的小行星撞擊南墨西哥北岸猶加敦(Yucatan)省,爆炸後把塵土及微粒衝到同溫層(平流層)上,經年不退,遮蔽太陽數年之久,致使地球上草木不生,大量的物種包括近乎所有的恐龍都滅絕。撞擊的地方留下一個大坑,現在成爲海灣。核子冬天的理論如下:如果地球上沒有草木,那麼平均溫度會是零下幾度。目前基於許多原因,包括水氣及二氧化碳,全球呈現暖化效應,加上地球上冰層很少,反射係數約爲百分之四十,地球的平均溫度爲零上三十來度。如果地球被雪蓋住(反射係數可高達百分之九十以上),太陽的輻射熱大都被反射,地球就會永遠冰封。如果發生大規模的核武戰爭,城市火燒,所有的煙霧及塵土可能漂浮在同溫層中,遮住太陽,使地球表面結冰,形成永遠的冬季,

稱爲「核子冬天」。——譯註

⑭這是用雷射來擊毀彈道飛彈彈頭的計畫，在雷根總統任內開始研發。因爲一九七六年的電影《星際大戰》中用了類似雷射的武器，因此這項計畫被暱稱爲「星際大戰」。——譯註

⑮美國小布希總統於二〇〇二年單方面宣佈退出ABM條約，開始發展「反彈道飛彈飛彈」。——譯註

⑯引自《核子的幻覺及現實》，頁一〇三及一〇七。

⑱普通開採的鈾礦中鈾二三五的含量不到百分之一，可以用物理方法將它分離出來（例如氣體擴散法）。可是鈽來自以鈾爲燃料的核子反應器，要經過許多道手續。「增殖反應器」（breeder reactor）應用鈽的裂變（「燃燒」）來獲取能量，但一面裂變，一面可以再製造出更多的鈽，因此稱爲增殖反應器。——譯註

⑲見蓋爾文及查柏克合著的《百萬噸及百萬瓦特》（*Megatons and Megawatts*），藍燈書屋（Random House），二〇〇二年。

⑳見二〇〇二年由美國國家科學院之國際安全及武器控制委員會出版的報告：《關於全

面禁試核武條約的技術性問題》（*Technical Issues Related to the Comprehensive Nuclear Ban Treaty*）。

㉑關於普格瓦什會議的資訊及其歷史，可以上網 http://www.pugwash.org/查詢。普格瓦什會議以之爲名的偏遠小村莊，在英國有個不搭軋的同名人物：英國的兒童電視節目中，「普格瓦什隊長」（Captain Pushwag）可是家喻戶曉。

㉒位於德法之間，德、法裔混雜，十八至十九世紀普魯士與法國多次交戰就是爲了爭奪這個地區。一次大戰後劃歸法國，可是貝特出生的時候屬於普魯士（一八七一—一九一七年）。法國作家都德（Alphonse Daudet, 1840-97）所寫的〈最後一課〉（La Dernière Classe），講的就是一八七〇年該地區割讓給普魯士時，一位小學生上最後一次法文課的故事。——譯註

㉓引自貝特在《紐約書評》（*New York Review of Books*）上發表的一篇文章。

㉔曼哈頓計畫（Manhattan Project）就是二次大戰期間洛斯阿拉摩斯實驗室原子彈製造計畫的祕密代稱。——譯註

㉕羅素（Bertrand Russell, 1872-1970），英國大數學家兼邏輯學家，一九二〇年諾貝爾文學

獎得主。——譯註

㉖愛因斯坦—羅素宣言最近由普格瓦什會議組織重印，並加上評論。

㉗推動者（prime mover）原爲神學名詞，指推動世界者（即神）。以前認爲天上所有的星辰與太陽、月亮的運行都是被神或天使所推動。——譯註

㉘以廢除核武爲宗旨的坎培拉委員會，於一九九七年向澳洲政府提交報告。除了書中提到的人士以外，其成員還包括前美國戰略空軍司令李・巴特勒（Lee Butler）將軍，和一位著名的英國軍人，陸軍元帥卡佛（Carver）。

㉙進一步的說明請見葛雷格・赫肯（Gregg Herken）所著的《核彈兄弟會：奧本海默、勞倫斯及泰勒糾葛的生命與情義》（*Brotherhood of the Bomb: The Tangled Lives and Loyalties of Robert Oppenheimer, Ernest Lawrence and Edward Teller*），亨利・侯特出版社（Henry Holt），二〇〇二年。

㉚奧本海默於一九四六至五二年間擔任美國原子能諮詢委員會的主席。當蘇聯第一次試爆原子彈後，美國便準備研發威力更強大的氫彈，原子能諮詢委員會因而陷入是否該中止發展更具毀滅性之武器的困境。接著蘇聯搶先美國一步成功造出氫彈，讓委員會

的處境益發艱難。奧本海默主張部署戰略性核武以保護歐洲，而非靠強大報復力量取得信賴。然當麥卡錫主義的恐共風潮來臨時，他的對手利用機會誣告他對國家不忠。奧本海默年輕時曾參加過加州的左傾讀書會，他的一位朋友哈孔．雪華里爾（Haakon Chevalier）與共產黨外圍組織有所牽連。這件事日後雪華里爾才著書闡述他的說法，但當年國會及軍方撤銷奧本海默的安全核可，使他不能再參與任何軍方的秘密研究。一九六二年甘迺迪總統選定奧本海默爲「費米獎」（Fermi Award）得獎人，算是對他的補償，但並未爲他「平反」。泰勒協助奧本海默建立洛斯阿拉摩斯實驗室，被譽爲「氫彈之父」。他是匈牙利裔，匈牙利淪入鐵幕使得他對蘇聯恨之入骨，因而主張製造氫彈，並成了主戰的鷹派。他在氫彈與氫核融合方面的研究至今仍未解密，但據悉是他和其他幾位科學家共同發現可行的方法，讓美國在一九五二年造出第一枚氫彈。泰勒在分子結構、核反應、宇宙射線、宇宙學等理論物理學領域中，皆有卓越貢獻。——譯註

4 生物性威脅——恐怖主義與實驗室錯誤

①克蘭西因其先見之明與技術描寫的精確而聞名。他在較早的一部小說《美日開戰》（*Debt*

of Honor）中，就是用一架大型客機爲飛彈來攻擊華盛頓的國會大廈。

②引爆鈽製核彈牽涉到內爆（implosion），即在一顆臨界質量以下的鈽製精確圓球（臨界質量是爆炸所需的最小質量，就像用煤炭生火時，一定要有最小量的煤碳才行）周圍放置普通炸藥，同時引爆，用炸藥往內爆炸的壓力將鈽均勻壓縮，使其密度大到超過臨界質量。可是要讓所有炸藥在百萬分之一秒內均勻地向內爆炸，使遭到壓縮的鈽球仍舊呈圓形，是項高科技。而鈽本身有劇毒，一毫克就足以致死，因此如果把鈽塗在普通炸彈之外，可以污染很大的面積，稱爲「污彈」。——譯註

③鈽彈要用內爆來引爆的原因是，如果壓縮的時間太長（超過百萬分之幾秒），就會提早引爆，威力太小。而鈾二三五的引爆較慢，約數千分之一秒，因此可以用一顆以鈾二三五製成的子彈射入另一塊鈾二三五，使它超過臨界質量而爆炸。美國轟炸日本的兩枚原子彈中，有一枚就是用這原理引爆的。——譯註

④位於華盛頓的核子控制研究院（Nuclear Control Institute），在其網站上引述阿佛雷茲的這段話。

⑤核武擴散問題曾在一場美國物理學年會中被討論，譯者問道，製造鈽彈及氫彈的困難

度爲何。一位專家回答，雖然需要相當龐大的組織（包括先進的科技及管理）與經費，但所有製造核彈的國家第一次試爆都成功，因此不是那麼難。可是氫彈卻需要極高的科技，因此印度、巴基斯坦及以色列都有鈽彈而無氫彈。鈾彈的困難則在於材料。——譯註

⑥在愛立森（G. T. Allison）所編輯的《避免核子亂局》（*Avoiding Nuclear Anarchy*，國際安全之BCSIA研究，一九九六年）中，描述了這個情節及其他相關的材料。

⑦龍在中國是慈祥的天神，在西方則是兇猛的惡獸。天主教的聖喬治（St. George）以屠殺惡龍而聞名。——譯註

⑧一九九三年二月，伍爾西在美國參議院的聽證會上所言。

⑨二〇〇二年，由查普林（D. M. Chaplin）及其他十八位共同作者發表於《科學》雜誌第二九七期，頁九九七—九九八的文章〈核電廠及其燃料成爲恐怖份子目標〉（Nuclear Plants and Their Fuel as Terrorists Targets）中，簡略調查了這些風險（附有參考資料來源）。在後續的回應中，蓋爾文聲稱這些作者小看了種種風險；後來美國國家科學院的一篇報告中，更加認眞地看待這些風險。（見《科學》二九九期，頁二〇一—二〇三，

二〇〇三年）

⑩這成了學院中的一則笑話：每次問什麼時候可以成功，答案都是三十年內。可是已經過了一．五個三十年，再問答案還是只要再等個三十年。——譯註

⑪見雅里貝克和司蒂芬·韓得門（Stephen Handelman）合著的《生物危機》，紐約：藍燈書屋，一九九九年。

⑫伊克爾在一九九七年三月所說，菲利浦·波比特（Philip Bobbitt）在他所著的《阿奇里斯之盾》（*The Shields of Achilles*）引述，紐約、倫敦：企鵝出版公司（Penguin），二〇〇二年。

⑬沙門氏桿菌（salmonella）是一種厭氧柱狀菌，有許多種類，能感染人及溫血動物，可致人於死，通常在活雞及生雞蛋中發現。——譯註

⑭肉毒桿菌(botulinum)是從腐壞的食物中由細菌產生的毒素，能癱瘓神經。Q熱(q fever，又名昆士蘭熱，Queensland fever）的症狀和肺炎類似，由一種立克次氏體屬（rickettsia）的微菌造成。炭疽來自牛羊及有機土中的細菌，發現得太遲可能致死。——譯註

⑮身兼加州理工學院院長及傑森小組主席的史蒂芬·庫寧（Stephen Koonin），在二〇〇一

年出刊的《工程與科學》（*Engineering and Science*）第六十四期，頁三—四，以一篇文章概述傑森小組對於生物性威脅的研究。

⑯蓖麻毒蛋白（ricin），從蓖麻子提煉出來的蛋白，有劇毒，無解藥。——譯註

⑰這場黑暗冬季演習由約翰・霍普金斯大學的生物學民防戰略中心（Center for Civilian Biodefense Strategies）與國際戰略研究中心（Center for Strategic and International Studies, CSIS）、國土安全分析工作研究院（Analytic Services Institute for Homeland Sercurity）及奧克拉荷馬國家防恐紀念研究院（Oklahoma National Memorial Institute for Prevention of Terrorism）合辦。

⑱二〇〇三年的SARS就是個好例子。——譯註

⑲這份報告是《讓國家更安全：科學和科技在對抗恐怖主義中的角色》（*Making the Nation Safer: The Role of Science and Technology in Countering Terrorism*），國家學院出版社（National Academy Press），二〇〇二年。

⑳美國大學課程編號愈高表示愈高深，一〇一是最基礎的入門課。現在用「某某一〇一」來指稱某種學科的入門。——譯註

㉑大學炸彈客（unabomber），名爲卡欣斯基（Theodore John Kaczynski），專門寄炸彈給學院人士。在哈佛大學取得數學博士學位，曾短暫擔任教授，後辭職前往蒙大拿州的山中，自建一間小木屋隱居。他認爲世界上的混亂來自科學，因此要消滅科技，一連做了二十餘年的炸彈，造成十餘人死傷。最後逼迫《華盛頓郵報》及《紐約時報》刊登他的「宣言」，但被他的兄弟認出，因而被捕，判處終身監禁。可是有人半諷刺地說，他住的牢房比他在蒙大拿州的小木屋還大，而且有衛生設備。——譯註

㉒見二〇〇二年五月號的《展望》（*Prospect*）雜誌。

㉓他們是切洛（J. Cello）、保羅（A.V. Paul）及威默，見《科學》第二〇七期，頁一〇一六，二〇〇二年。

㉔伊波拉病毒（Ebola），名字來自一九七六年首度發現病例的地點，剛果的伊波拉河。一種線狀病毒屬（Filoviridae）的病毒，症狀是發高燒，致命性大量出血，發疹，死亡率在五〇到九〇%之間，潛伏期四至十六日。目前尚無治療的方法，只有隔離及消毒一切用具才能加以控制。——譯註

㉕美國有家公司使用一種叫 Morphotek 的技術，其中牽涉到在動物、植物，甚至細菌體內，

置入稱爲PMS2-134的基因，這是負責修復DNA之基因的缺陷版。

㉖氫經濟（hydrogen economy）是規劃中的未來能源經濟，以氫替代石油。氫的分子相當大，可以用類似輸送天然氣的管線來運送，所含能量高，燃燒後的廢料是純水。可是在應用方面有其困難：要用高壓再壓縮，轉變成能源需要很昂貴的燃料電池等等。未來也許是唯一的選擇。——譯註

㉗溫特的計畫已被廣泛報導，例如克萊福・庫克森（Clive Cookson）登在二〇〇二年九月三十日之《金融時報》（*Financial Times*）上的文章。

㉘聚氨（甲酸）脂（polyurethane，俗稱PU），通常用來製造器皿的塑膠，不易被風化，因而造成環境問題。——譯註

㉙澳洲大陸大都是沙漠，上個世紀時不慎引入兔子，現在兔子成災（三月可生一胎數隻），甚至於有人以槍殺過多的兔子爲業。另外野狗、老鼠等也數多成災，因此要設法控制。——譯註

㉚引起鼠痘（mousepox）的是缺肢畸形病毒（ectromelia），能使鼠類四肢前端腫脹而產生壞疽。——譯註

㉛多年前有一篇科幻小說，曾被恐怖電影大師希區考克改編成電視短片，講的就是類似的故事。一位服食迷幻藥的女人來到未來，發現世界全是女性，因爲澳洲有一位研究者研究以藥物使老鼠不育，結果導致所有女人生出來的小孩都是女性。大部分的女子也不育，只有少數可以用人工刺激卵子的方式進行「處女生育」。人類社會因此變成類似蜜蜂的社會，大部分的人（女人）都是「工蜂」，由一些類似「蜂后」的女人專事生育。她在這場迷幻藥之旅中變成一位「蜂后」，回來後便刺殺這位研究者以拯救人類，之後被捕招供出這個故事。小說結尾留下一個伏筆，這位研究者有一個兒子也在從事這項研究。——譯註

㉜傑克森及倫蕭針對這些實驗的報告，刊載於二〇〇一年二月的《病毒學期刊》（*Journal of Virology*）。

㉝普萊斯頓在《冰庫裡的惡鬼》（*The Demon in the Freezer*，藍燈書屋，二〇〇二年）中，描述馬克·布勒（Mark Buller）和他在聖路易醫學院的同僚嘗試複製澳洲這些實驗的結果。他們得到相合的結果，除了有些剛打過疫苗的老鼠，保有對改造過的鼠痘病毒的免疫力。

㉞馬爾薩斯（Thomas Robert Malthus, 1766–1834）提出《人口論》：人口以等比級數增加，糧食以等差級數增加，最後人口的增加將爲大自然所限制。如果現在全球人口以每年二·五％的速率增加，到了西元六〇〇〇年時，人口的總重量將超過地球的質量。當然，遠在到達這個極限之前，食物的缺乏、戰爭，甚至瘟疫就會侷限人口的增加。——譯註

㉟見崔斯勒所著的《造物的引擎》（*Engines of Creation*），紐約：Anchor Books，一九八六年。

㊱它們的惡毒與接管的速度受到某些種限制，可是這些限制非常粗略，距離使人安心的地步還太遠。羅勃·弗來塔斯（Robert Freitas）在題爲〈對於以生物爲食的奈米自我複製體造成的總體生態噬菌的某些限制〉（Some limits to global ecophagy by biovorous nanoreplicators）的論文中，斷定複製的時間只要區區一百秒。

㊲另一項反駁的說法是，能在演化的條件下獲致成功的生物，一定不能把自身的棲息地破壞殆盡，反而得和它維持共生的關係。

5 透明社會——預防犯罪的權宜之計

①現已不存在的天堂之門教派網頁，其內容保存在下列網址：http://www.wave.net/upg/gate/heavengate.html。

②救世主（messianic）教派，相信基督教《聖經舊約》中所提到的彌賽亞（救世主）會以其他的方式出現。基督教認爲這位彌賽亞就是耶穌。——譯註

③見桑斯坦所著的《共和國達康》，普林斯頓大學出版社，二〇〇一年。

④中古世紀，甚至於十九世紀，都有這些自認爲代表「信仰眞理」的教派，而且相當流行。二十世紀稍斂。——譯註

⑤有一系列描述這個天啓年代的書——「末日迷蹤」（Left Behind）書系——登上美國暢銷書排行榜的榜首。

⑥虛無主義（nihilism），又稱無政府主義，認爲沒有政府就會世界太平。生於戰國亂世的中國偉大哲學家老子及莊子就主張無政府主義。在十七、十八，甚至十九世紀時，歐洲政治腐敗，有不少學者也主張虛無主義，流行過一陣子。——譯註

⑦喬治·歐威爾（George Orwell, 1903–1950），英國作家，眼見史達林把俄國變成獨裁國家，以此爲題材，在一九四八年出版小說《一九八四》，描述一個被獨裁者統治的未來世界，所有的地方，包括臥室中都安裝了監視的電視。以一九八四爲書名的原因，是把他把年份四八倒過來，便成了八四。當時他的健康情形已經惡化，於兩年後棄世。——譯註

⑧見布林所著的《透明社會》，紐約：Addison-Wesley 出版社，一九九八年。

⑨美國亦然，有好幾件案子，包括綁票都被監視系統錄下，因而很快破案。——譯註

⑩根據《經濟學人》（*Economist*，二〇〇二年十二月二十／二十七日出刊）的一項調查，開發中國家有超過二十億的人可以收看衛星電視。雖然當地自製的節目漸受觀衆喜愛，但在好幾個國家中（包括伊朗），最受歡迎的西方節目是「海灘遊俠」（Baywatch）。

⑪見福山所著的《後人類未來》，紐約：Farrar, Strauss and Giroux 出版社／倫敦 Profile Books，二〇〇二年。

⑫見布魯姆發表於二〇〇二年十月十日出刊之《新科學人》（*New Scientist*）的文章。

⑬赫胥黎（Aldous Huxley, 1894–1963），英國散文家及小說家。——譯註

⑭見史基納所著的《自由與尊嚴之外》，Bantam/Vintage 出版社，一九七一年。

⑮《關鍵報告》的原著故事收錄在菲利浦・狄克的短篇小說集中。

⑯見布蘭德所著的《今日永存之鐘》。

6 捨棄與約制——科學陰暗面

①見二〇〇二年五月號的《連線》雜誌。

②物理學家認爲宇宙萬物由四種力來控制：電磁力、引力、強作用力（核子及組成核子的基本粒子如質子、中子、夸克等之間的力）、弱作用力（造成放射線及其它弱作用之間的力）。到現在爲止，只統合了弱作用力和電磁力，還沒有統合其它基本力的理論。——譯註

③基礎理論的進一步討論，請見第十一章。

④史蒂芬・奧斯塔特（Steven Austad）和傑・奧爾商斯基（Jay Olshansky）爲此打了個賭，贏者的後人可以在二一五〇年收到高達五億美元的錢。

⑤迄今可以證明的最高壽人瑞只有一百二十歲。——譯註

⑥發表於一九七五年七月號的《原子科學家學報》，後來重刊在《想像的世界》(*Imagined Worlds*)，企鵝出版公司，一九八五年。

⑦摩魯博士(Dr. Moreau)是著名科幻作家威爾斯的小說《摩魯博士的島》(*The Island of Dr. Moreau*)的主角。他在島上進行生物實驗，結果製造出許多可怕的怪物。——譯註

⑧見威爾斯所著的《摩魯博士的島》，一八九六年首次出版。

⑨亞汐羅瑪宣言，見賈特森(H. F. Jutson)的著作《創世的第八日》(*The Eighth Day of Creation*，一九七九年出版)中的討論。

⑩〈重新思索亞汐羅瑪〉一文報導了幾位亞汐羅瑪與會者的回顧觀點，見二〇〇四年四月三日出刊的《科學人》期刊。

⑪快感中心(pleasure center)，腦中能產生性交快感的部位。——譯註

⑫西方國家大都已立法禁止虐待動物，即使屠宰場及生物實驗也要遵守某些規則。——譯註

⑬農業工廠飼養動物和我們以前心目中的田野飼養不同；大多數的動物活動空間極小——例如每隻雞約只有一平方英吋，而且要把雞的喙剪掉，以防打架等等。——譯註

⑭原始人（hominoid）是人類的遠祖，例如北京人、尼安德塔人等等。這裡說的是用基因工程製造出沒有腦的原始人，藉以取得器官。——譯註

⑮最近雷爾教派聲稱已經有兩名複製的嬰兒，可是一直不肯把DNA公諸於世，讓世人驗證，因此被認爲所言不實。——譯註

⑯可是，這裡有兩個問題值得專家們注意：第一，他們最有能力判斷一個問題能否解決。雖然有些問題的重要性顯而易見，但正面迎擊的時機尚未成熟，因此把錢砸在上頭也沒有用。尼克森總統提倡「向癌症宣戰」的時機過早。當時，沒有特定目標的基礎研究贏面還比較大。第二，當科學家們主張沒有一定方向的「藍天（未具體化）」研究可能最有成效時，不只是因爲他們寧可完全順著好奇心的引導。從一個脚踏實地的觀點來看，這更可能是眞的：在尼克森的計畫發起三十年後，癌症研究的主要挑戰之一仍舊是基礎性的問題：了解分子層次的細胞分裂。

⑰從一九七〇年代到現在，這段期間有個有趣的轉變。以往最尖端的儀器往往是軍方研發出來的，然後再轉化成適合科學之用。如今，消費性電子產品（數位相機、電腦遊戲軟體，以及電腦控制台）的大衆市場經常發展出新的器材。

⑱這位捐贈者是創辦鳳凰城大學的約翰·司帕林（John Sparling）。雖然這個研究小組在二○○二年三月首次複製出一隻貓，但他並未得到他的狗的替代品。

⑲指的是愛迪生發明的老式留聲機，其原理是在臘板上用針刻出聲紋，複製成膠板，之後把唱針放在膠板上，轉動後放出原來的聲音，只是機械式的作用。二十世紀重複播放音樂所用的技術乃基於電磁學的原理。——譯註

⑳顯然，這種開放的態度不應擴及那些不想受教育，卻可能僞裝成學生，只想到大學實驗室取得病原體的人。

㉑佛蘭克·克洛斯（Frank Close）的著作《熱不可觸》（*Too Hot to Handle*）描述了這起冷融合的事件，普林斯頓大學出版社，一九九一年。

㉒橡樹嶺國家實驗室（Oak Ridge National Laboratory）位於田納西州，爲美國製造核武的重要實驗室。——譯註

㉓塔勒亞康的這篇論文發表在《科學》卷二九五，頁一八六八，二○○二年。

㉔如果科學證據來自某些極龐大（也許獨一無二）的設備，例如太空船或巨大的粒子加速器，公開並不能保證獲得廣泛而有效益的審查。在這類情形下，主要的安全保障一

定要來自研究團體的內部品質管理，這團體可能很大，而且成員們的學問多元，各有專精。

㉕指的是在加州利佛摩（Livermore）鎮上一個以鎮爲名的實驗室，乃美國研發核武的重鎮之一，由加州大學體系來管理。——譯註

㉖這篇文章是二〇〇〇年四月號《連線》的封面故事。

㉗這兩位英籍人在二次大戰期間對核彈的發展有重要貢獻。——譯註

㉘伊斯蘭教的神話中，有一個被監禁在瓶中的精靈，誰放他出來，就給這人三個隨心所欲的願望。——譯註

7 小行星撞擊——不可忽略的天災底線

①這顆彗星的發現者是月球及行星研究專家尤金·蕭梅克（Eugene Shoemaker）與卡羅琳（Carolyn）夫婦，以及在亞利桑納州做研究的天文學家大衛·利維（David Levy）。一九九三年，這顆彗星以近距離經過木星，木星引力的潮汐作用把它撕裂爲大約二十片。算得出來這些碎片會在十六個月後撞上木星。

②二疊紀（Permian period）的特色是有許多爬蟲，三疊紀（Triassic period）的特色是火山很活躍、海內的爬蟲以及恐龍的興起。當時整個地球只有一塊大陸，稱爲盤古大陸（Pangaea），名字來自汎（Pan）及蓋亞（Gaea，希臘神話中的地球之神）。——譯註

③見《近地物體的危險性報告》（*Report on Hazard of Near Earth Objects*），該委員會由哈利·艾金遜（Harry Atkinson）擔任主席。

④《邂逅勞瑪》，一九七二年出版。

⑤相關的航太總署報告可以在網路上找到：http://impact.arc.nasa.gov/reports/spaceguard/index.html。

⑥如卡爾·沙根所說，如果改變小行星的軌道變得可行，這項科技也可以用來讓它轉向地球，而非偏離地球，因而大幅增加自然的「底線」撞擊機率，並把小行星變成武器，或是全球性的自殺利器。

⑦托里諾標度可以在網站上找到：http://impact.arc.nasa.gov/torino/。

⑧卻斯利（S. R. Chesley）、柯達斯（P. W. Chodas）、米拉尼（A. Milani）、瓦賽奇（G. B. Valsecchi）及耶曼（D. K. Yeomans）等人在一篇論文中提出巴勒摩指數，見《伊卡魯斯》

（*Icarus*）卷一五九，頁四二三—四三二，二〇〇二年。

8 第六次大滅絕——人類對世界的威脅

①《生物圈的未來》，紐約：克諾夫出版社（Knopf），二〇〇二年。

②見《現代科學》（*Current Science*）卷八二，頁一三二五，二〇〇二年。

③本福得的《深邃的時間》對此提議有所著墨。

④世界自然基金會的〈活行星報告〉（Living Planet Report）中，討論了「足跡」這個概念，請上網 http://www.panda.org。

⑤這些數字來自南非的勞工關係組織 NMG-Levy 最近提出的報告

⑥見約翰·布洛克門編輯的《下一個五十年》（*The Next Fifty Years*），Vintage Paperbacks 出版社，二〇〇二年。

⑦五億年之前，大氣中二氧化碳的含量要比現在大上二十倍：當時的溫室效應遠比現在大得多。可是那個年代的平均溫度並未高出太多，因爲太陽本身比較黯淡。當植物開始攻佔陸地，它們以二氧化碳爲原料，行光合作用以成長，這種氣體的含量因而開始

減少。太陽光度逐增——我們充分理解這是星球老化的結果——抵銷了逐漸減弱的溫室效應，結果地球的平均溫度並未改變多少。可是在冰河期及兩次冰河期之間，溫度的震盪可達平均值的上下（攝氏）十度。五千萬年前的始新世（Eocene）初期，大氣中二氧化碳的含量是現在的三倍。化石證據證明那時英國南部有紅樹林沼澤及熱帶林；當地的氣溫要比現在高十五度（雖然部分出於大陸的漂移及地球自轉軸心的移轉，使得英國更靠近赤道）。

⑧現在透過雷射及人造衛星已經清楚證明，美洲正以每年幾公分的速率向亞洲漂移。美洲的東部每年也朝西部擠壓約一公分，因此在北美造山的地質中，變化仍在進行。這些運動來自地球內部液態岩漿的對流。這種對流運動在大西洋中央的海底造成了一九三〇年代發現的大西洋脊（Atlantic Ridge）。——譯註

⑨平流層（stratosphere）又稱同溫層，約在十五英哩（二十四公里）的高空，特性是溫度不變（大氣溫度至低處）。——譯註

⑩瑪麗‧雪萊（Mary Shelley, 1797–1851）是英國名詩人雪萊（Percy Bysshe Shelley, 1792–1822）之妻，佛蘭克斯坦（Frankstein）是一位科學家用雷電的力量造出的怪人，有神力而無

倫理思想，中譯爲「科學怪人」。這本小說首開其端，提出科學既能造福也能召禍的構想，爲科幻小說古典名著。拜倫（Lord George Gordon Byron, 1788–1824），英國名詩人，世襲爵位，胸懷正義，爲了希臘的自由而從軍，死於疫病。——譯註

⑪地球上空有一層電離層（ionosphere），其中的電子自由化，可以促使氧分子分解爲氧原子，氧原子和氧分子再化合爲臭氧（三個氧原子聚合而成的分子），而臭氧能吸收太陽光中的紫外線。如果這些紫外光不被吸收，地球上的生物都會死亡，使地球變成和火星表面一樣的不毛之地。——譯註

⑫溫室效應使得地球的溫度比沒有溫室效應高上三十五度。關鍵問題在於，本世紀中人爲的活動會讓溫度提高多少。

⑬暴風雨（颱風）的主要能源來自空氣中的水份。大氣溫度增加，暴風雨就變得更猛烈。——譯註

⑭這種情形可以用水的結冰做比喻：把水從室溫（攝氏二十度）降到一度，除了變冷之外，沒有其他跡象，還是液體。可是，如果把水再降到零下一度，就變成了固體的冰。這種「相變」的現象在自然界中屢見不鮮。——譯註

⑮有關全球暖化的科學議題，在政府間氣候變化小組（Intergovernmental Panel on Climate Change, IPCC）的各類報告中有廣泛的討論，請上網 http://www.ipcc.ch。

⑯在布洛克爾（W. S. Broecker）的文章〈輸送帶被關掉會如何？-深思大規模全球性實驗可能的後果〉（What If the Conveyor Were to Shut Down? Reflections on a Possible Outcome of the Great Global Experiment）（發表於《GSA今日》〔*GSA Today*〕，卷九〔一〕，頁一至七，一九九九年一月），對於「輸送帶」的概念有清楚的討論。他提到過去曾經突然變冷，如果再來一次，會把愛爾蘭的氣候變得跟挪威的斯卑茲卑爾根（Spitsbergen）一樣（冷），把斯堪地那維亞半島的森林變成（北極的）苔原，讓波羅的海終年冰封。可是他又說，如果在人類引起的「翻轉」發生之前有四到五度的暖化，雖然結果還是難以預測，可是大概不會這麼極端。

⑰墨西哥灣流的寬度只有幾公里，以每秒幾公尺的速度向北歐蜿蜒而去。——譯註

⑱物理化學家發現，古代水的溫度可以由它的氧同位素含量決定。氧有三種穩定的同位素，原子量各爲十六、十七、十八，其中原子量十六的最普遍。水蒸發成雲時，這三種同位素在蒸發的水中佔多少比例和溫度有關（溫度高時，重的氧同位素含量較高）。

這些蒸發成雲的水氣變成雨水，每年的冰當中氧的同位素含量都不同，因此可以決定當時的溫度。發現這種現象的科學家利比（William Frank Libby, 1908-）因而得到諾貝爾獎。——譯註

⑲見必昂．龍伯所著的《懷疑派的環境保護者》（*The Skeptical Environmentalist*），劍橋大學出版社，二〇〇一年。

⑳如果二氧化碳的量昇高到接近五億年前的水準，太陽的亮度比那時亮上幾個百分點，這種失控的現象就可能發生。可是我們推算因人類活動而引起的二氧化碳增加，最多只是加倍——和地質年代的時間長度中發生過的二十倍相比，這個量很小。如果一切都按自然的進程發展，逐漸變亮的太陽會蒸發海洋，可能在十億年後觸發無法控制的溫室效應（即使二氧化碳的含量比例和現在一樣）。這可能會讓以陸地爲棲息地的生物全數滅絕，比六、七十億年後太陽的垂死掙扎來得早多了。溫室效應的暖化甚至要比灼熱的金星上更爲劇烈。

㉑水和其他溫室氣體的不同之處是，水氣在八到十二微米的波長之間吸收力極小，而地球放射的輻射熱在八到十二微米之間達到至高點，因此對地球放射出的輻射熱而言，

水氣相當透明。可是如果水氣太多，也會成爲災難性的溫室氣體。——譯註

㉒甲烷大多來自植物腐敗的過程，在沼澤中很容易出現，因此也稱爲沼氣（中國的鬼火便來自沼氣的燃燒），可以被大氣中少量的氫氧自由根（free OH radical）消滅。可是最近發現，反芻動物（如牛、羊）的胃在消化食草時，也會釋放出甲烷。因爲近年來牛羊畜牧業發達，這類甲烷已提昇到和植物腐敗時釋放的甲烷等量齊觀的地步。——譯註

㉓一九九四年在劍橋大學的全球安全計畫開幕典禮時發表的演說。

9 風險管理——最小的機率、最大的危險

①巴斯卡（Blaise Pascal, 1623-1662），法國數學家、物理學家及哲學家，體弱多病，篤信宗教，著有《沉思錄》（*Pensées*），書中內容主要是爲宗教辯護。物理學的流體力學中有「巴斯卡原理」，數學上則爲機率理論奠基。這一段話可以用中國一句諺語來做總括：寧可信其有，不可信其無。——譯註

②針對這項主題有極多的文獻，例如：朱立安・莫理斯（Julian Morris）編輯的《重新思

考風險及預警原則》(*Rethinking Risk and the Precautionary Principle*)，Butterworth-Heinemann出版社，二〇〇〇年。

③見泰勒所著的《回憶錄：二十世紀科學與政治之旅》(*Memoirs: A Twentieth Century Journey in Science and Politics*)，Perseus 出版社，二〇〇一年。

④這份報告爲《以核子彈點燃大氣》(*Ignition of the Atmosphere with Nuclear Bombs*)，由科諾平斯基(E. Konopinski)、馬文(C. Marvin)及泰勒共同完成，直到二〇〇一年仍可以在洛斯阿拉摩斯的網站上找到。

⑤夸克(quark)是組成質子及中子的粒子，帶電量爲電子電荷三分之一的整數倍(正或負)。膠子(gluon)是傳達夸克之間力量的粒子。現在的宇宙論認爲，宇宙約於一百三十七億年誕生自時空中一個近乎數學奇點的點。創世之時，混爲一體，有如《老子》所云：「有物混成，先天地生。」在最初一微秒之中沒有質子、中子，只有夸克及膠子組成的離子體(plasma)。——譯註

⑥《新宇宙》，亞文圖書，一九九八年。

⑦一個質子大小的黑洞(半徑$=1.4\times10^{-13}$公分)，質量約爲兩百億噸，等於一座山的質量。

——譯註

⑧請見第十一章對於這類理論的評論。

⑨《貓的搖籃》，一九六三年首次出版；羅塞達圖書（Rosetta Books）有電子書版本。

⑩買了任何器物，特別是電子產品，都附有說明書。而多數物理學家都自認很有概念，因此打開後就用，等到不行時再去看說明書。這句話的意義是，先去思考，不要受別人的意見影響。這在創意上很重要。——譯註

⑪我們的論文是：赫特與芮斯合著的〈我們的眞空有多穩定？〉（How stable is our vacuum?），發表於《自然》卷三〇二，頁五〇八—五〇九，一九八三年。

⑫布魯克海文實驗室的這份報告題爲〈評論RHIC的臆測性「災難情節」〉（Review of Speculative 'disaster Scenarios'），發表於《現代物理評論》（*Reviews of Modern Physics*）卷七二，頁一一二五—一一三七，二〇〇二年。作者爲傑夫（R. L. Jaffe）、布薩（W. Busza）、山德懷斯（J. Sandweiss）及伍契克（F. Wilczek）。

⑬以前的加速器是把粒子加速，撞到一個靶上去（如一輛汽車撞上牆）。現在的加速器是把撞擊的粒子和被撞擊的粒子做反方向的加速，在某一點相撞（有如兩輛汽車互撞），

因此呈對稱性。和這種撞擊相應的能量要比以前的方法大上許多。可是，即使兩個相撞物體的質量和能量都一樣，造成的奇子仍舊很可能具有高速（例如原來能量的百分之一，這已經夠大了）。——譯註

⑭這段話引自格拉蕭與威爾孫的論文，發表於《自然》卷四〇二，頁五九六，一九九九年。

⑮以CERN爲研究基地的科學家達爾（A. Dar）、迪．盧瑞拉（A. de Rujula）及漢茲（U. Heinz）合著這篇論文〈相對重離子碰撞器會不會摧毀我們的行星？〉（*Will Relativistic Heavy Ion Colliders Destroy our Planet?*），發表於《物理學刊》（*Phys. Lett.*）B卷四七〇，頁一四二—一四八，一九九九年。

⑯叔本華（Arthur Schopenhauer, 1788-1860），德國哲學家，以悲觀哲學著稱。——譯註

⑰見雪爾所著的《地球的命運》（*The Fate of the Earth*），頁一七一—一七二，紐約：克諾夫出版社，一九八二年。

⑱見卡洛格羅的文章〈計畫中的實驗室實驗可以毀滅地球嗎？〉(Might a Laboratory Experiment Now being Planned Destrroy the Planet Earth?)，發表於《跨領域科學評論》

（*Interdisciplinary Science Reviews*）卷二三，頁一九一—二〇二，二〇〇二年。

⑲如我在第三章所強調的，我們置身其中的風險似乎比大多數人所察覺到還要大，我猜，會高到和狂熱的反共份子故意接受的一樣。

⑳見肯特所著的〈對於浩劫風險評估的批判觀點〉（A critical look at catastrophe risk assessment），發表於《風險》（*Risk*，付印中），預印本爲 hep-ph/0009204。

㉑不幸的是，本書付梓之際，又有一艘太空梭「哥倫比亞號」失事。——譯註

10 末日哲學家——人類未來的悲觀推論

①人本原理，起源於基督教的上帝創世觀念，後來移除神學的成分。這原則認爲，我們的宇宙能讓生物出現，乃是因爲許多物理常數的值（如引力和電磁力強度的比例、空間的維數、核子能和核子靜能——即按愛因斯坦 $E = mc^2$ 公式算出的能量——的比例等等），正好可以讓生命出現。理論上說，還有其他不能讓生物出現的宇宙，我們能在這裡討論這問題，就是因爲這宇宙可以讓生命出現，與神無關。詳情請見《宇宙的六個神奇數字》，馬丁．芮斯著，丘宏義譯，天下文化出版。——譯註

②卡特的文章〈人本原理及在生物演化中的意涵〉(The anthropic principle and its implications for biological evolution) 發表在 *Phil Trans R-Soc A* 卷三一〇，頁三四七。

③這個主張最透澈的批判，見尼克・波思壯 (Nick Bostrom) 的著作《人本偏差：科學及哲學中的觀測選擇效應》(*Anthropic Bias: Observation Selection Effects in Science and Philosophy*)，紐約：Routledge 出版社，二〇〇二年。另一件參考文獻是凱夫思 (C. Caves) 所著的《當代物理》(*Contemporary Physics*) 卷四一，頁一四三—一四五，二〇〇〇年。

④目前全球人口的成長率是每年百分之二・五，四十年後會增加一倍多。——譯註

⑤見高特的文章〈哥白尼原理對於未來展望的意涵〉(Implications of the Copernican principle for our future prospects)，發表於《自然》卷三六三，頁三一五，一九九三年；以及他的著作《愛因斯坦宇宙的時間旅行》(*Time Travel in Einstein's Universe*)，紐約：Houghton Mifflin 出版社，二〇〇一年。

⑥勒斯里將自己的論點呈現於《世界之末日：人類滅絕的科學和倫理》(*The End of the World: The Science and Ethics of Human Extinction*)，倫敦：Routledge 出版社，一九九六年(新版爲二〇〇〇年)，書中對於危機與世界末日主張有廣泛的説明。作者是位哲學

家，他把熱情帶進這最陰鬱的主題。關於世界末日更進一步的參考文獻，見前面所提波思壯的著作。

11 科學之終結？——人類心智的極限

①整體論（holism）是哲學名詞，認爲整體所具的特性要比個別部分的特性總和爲多。例如，汽車能跑，而這特性是所有零件都沒有的。因此，所有生物總體的特性都要比組成元件豐富。——譯註

②見何根所著的《科學的終結》（*The End of Science*），紐約：愛迪生—衛理出版社，一九九六年。反面論點是約翰・馬篤斯（John Maddox）所著的《有待發現的事物》（*What Remains to be Discovered*），紐約／倫敦：Free Press 出版社，一九九九年。

③以撒・艾西莫夫（Isaac Asimov），最近去世的美國科幻小說及通俗科普作家，頗爲多產，著有兩百餘部的科幻小說，以及不計其數的科普散文。——譯註

④碎形（fractal）是自我相似的圖形，如一棵樹的分枝：拿一枝樹梢的小枝，放大之後，其形狀類似整棵大樹；把動物的毛細管放大後，其形狀和整個動物體的血管形狀相

似；把一朵小雲放大，其形狀和人造衛星空拍覆蓋好幾個省的雲形狀相似等等，每一小片都是整體的影子。這些圖形的維數可以帶有分數。請見《黃金比例》（*The Golden Ratio*），李維奧（Mario Livio）著，丘宏義譯，遠流出版。——譯註

⑤這句話是回應漢茲·帕格斯(Heinz Pagels)的問題，引自艾西莫夫的《回憶錄》（*A Memoir*）

⑥中國神話中認爲龍是吉祥的動物，是皇帝的代名詞，可是西方卻認爲龍是惡毒的動物。傳說聖喬治（St. George）因爲屠了惡龍而被天主教封爲聖者。「這裡有龍」表示尚未勘測過的地區，可能有危險。——譯註

⑦典範（paradign）指的是含有某個主題的所有形態。量子理論中的另一個典範就是量子化（每個東西都有最小的單位）。——譯註

⑧量子理論不是光憑一個聰明傢伙就獲得的成果。關鍵的先驅概念在一九二〇年代已然浮現，先驅者則是一批不凡的年輕理論家，由愛溫·薛丁格（Erwin Schrödinger），維納·海森堡（Werner Heisenberg）及保羅·狄拉克（Paul Dirac）等人帶頭。

⑨史蒂芬·霍金（Stephen Hawking），劍橋大學物理教授，殘障到口不能言的地步，可是在物理上的造詣高不可及，對量子引力理論的貢獻很大，發現黑洞能輻射出能量，因

而有人預言宇宙有朝一日會化爲烏有。請見《量子重力》（*Three Roads to Quantum Gravity*），施莫林（Lee Smolin）著，丘宏義譯，天下文化出版。——譯註

⑩這問題來自霍金的著作《時間簡史》（*A Brief History of Time*），Bantam 出版社，一九八八年。

⑪這理論一提出，愛因斯坦便發覺它解釋了一些關於水星軌道的謎團。一九一九年。亞瑟・愛丁頓（Arthur Eddington，我在劍橋的一位前輩）及同僚們量度了日全蝕時，引力如何使通過太陽附近的光線轉向。

⑫全球定位系統（Global Positioning System, GPS）運用數十枚在一萬餘英哩高空的人造衛星來定位，準確度達到小數點以下第十四位（已接近原子鐘的準確度極限），而廣義相對論的效應在第十位小數就出現了。因此，如果不應用廣義相對論，就無法應用全球定位系統。（有更準確的「天文時鐘」，可是在應用上也許有困難。有些毫秒級的電波脈衝星〔radio pulsar〕其週率不變性超過科學家能夠測試的程度，測試的極限約在第十七位小數。）——譯註

⑬即使現在還沒有量子引力理論，仍舊可以估計出愛因斯坦的理論必然失靈的程度。例

如，這理論在描述一個非常小的黑洞，小到半徑小於海森堡（測不準原理）所指出的位置不確定值時，無法前後一致。這項估計值給了我們一個最小長度，約爲 10^{-33} 公分。最小的時間單位稱爲蒲朗克（Planck）時間，就是這個長度除以光速，約爲 3×10^{-44} 秒。

⑭這個觀念上的落差，其實並未阻撓我們在二十世紀中對於實體世界的了解上，獲得長足的進步，從原子到星系皆然。這是因爲大多數的現象若非牽涉到量子的效應，就是與引力的作用有關，卻不會兩者兼具。在原子與分子的微觀世界中，引力的效應無關緊要，此時量子效應才是關鍵。反之，在天體的領域中，可以忽略量子的不確定性，引力才是舉足輕重：行星、恆星，以及星系，大到量子的「模糊性」在它們平滑的軌道上顯不出任何影響。

⑮施莫林的《量子重力》中敍述甚詳。簡單地說，統一理論就是愛因斯坦在後半生想要完成的理論，把量子理論和廣義相對論統一起來。量子引力的大部分工作也在這方面，可是和愛因斯坦的方向不同。現在物理學家認爲眞正的基本粒子，構造類似數學上的點。弦理論認爲這些粒子不是點，而是很短的弦圈，其振動的基本週率（和小提琴琴弦的振動類似）決定了粒子的質量。這些弦的長度約爲 10^{-33} 公分。——譯註

⑯對於弦理論及額外的維度有個易懂而有趣的摘要，見湯姆．西格富來特（Tom Siegfrild）所著的《奇特物質：在空間和時間的新領域中尚未被發現的理念》（*Strange Matters: Undiscovered Ideas at the Frontiers of Space and Time*），Joseph Henry Press，二〇〇二年。

⑰法里（E. H. Fahri）和古斯（A. H. Guth）討論過這個想法，見《物理學刊》B卷一八三，頁一四九，一九八七年；還有其他文獻，其中之一是哈里遜（E. R. Harrison）的討論，見*Q.J. Roy Ast. Soc.*卷三六，頁一九三，一九九五年。

⑱這句話講的是西方神學，其中關於宇宙的起源來自舊約聖經的第一篇〈創世紀〉（其實這一篇是後來補寫的，最早的篇章應當是〈約書亞書〉〔Joshua〕），「起初，神創造天地。」後來的西方神學家在這句話上頭大作文章，今日雖然不再說上帝在七日內創造了世界，可是仍舊說我們的宇宙是上帝設計出來的，因此才能容許生物的存在。——譯註

⑲愛德蒙．哈雷（Edmund Halley, 1656-1742），英國天文學家及數學家，計算出哈雷彗星的週期。——譯註

⑳如果物理學家真的發現了統一理論，那就是自牛頓之前開始，愛因斯坦及其後繼者接棒以來，人類追求智識的巔峰成就。那就是偉大的物理學家尤金．維格納（Eugene

Wigner）所稱的「在物理科學中，不合理的數學效益」的例證。而且，如果那是由人類的智能獨立完成，就顯示我們的腦力能掌握物理現實世界的基礎，確實是了不起的偶然。

㉑維多利亞式（Victorian）指的是英國維多利亞女王（一八一〇—一九〇一，一八三七年登基）時代流行的風格。維多利亞時代也是大英帝國全盛時期。威爾斯所著的《時間機器》（見第一章）中，時間機器是類似馬車的機器。關於時間機器及時光旅利的可行性，請見半科幻半科普的《光錐・蛀孔・宇宙弦》（*Time: A Traveler's Guide*），皮寇弗（Clifford A. Pickover）著，丘宏義譯，天下文化出版。——譯註

㉒回到過去能引起如下的矛盾：一個人回到過去，在他的父母認識、結婚之前，把他的雙親之一殺了（不論是意外或故意），因此他就不會出生，也不能回到過去把他的父母殺死。這就使歷史不能自合。——譯註

㉓《今天暫時停止》是一部半科幻電影，描述一位新聞記者去採訪土撥鼠日（Groundhog Day）的故事。土撥鼠日在二月二日，按美國民間傳說，這一天土撥鼠會爬出蟄居的土洞，看一下自己有沒有影子，如果天晴有影，就再回地洞蟄居六星期（冬天尚未過去）。

美國賓州一個人口只有七千的小鎮棚蘇塔尼(Punxutawney)把土撥鼠日變成他們的「鎮慶」，每年此時搭了一個大看台。鎮長及各重要的民間領袖穿上燕尾服，把養得胖胖的、毛色極好的幾隻土撥鼠請出來，讓牠們看自己的影子，成了美東各州報紙每年非報不可的「花邊」新聞。這位主角是電視台的播報員，帶了大隊人馬去那裡採訪。可是他發現翌日自己又回到二月二日，如此而下，走進時間的迴圈，不得跳脫，苦惱不堪。最後他去搶銀行，和警察格鬥而死，可是次日又活過來了；跳樓自殺，次日也又復活，怎樣都跳不出這個時間的迴圈。(最後因爲尋得眞愛而跳脫。)——譯註

㉔見墨篤斯的《有待發現的事物》。

㉕在本書的前言中，我引用了法蘭克·蘭姆西對於世界的個人觀點：人類，他的好奇及關懷的焦點，居於主宰的地位；星球的重要性相對縮減。其實，科學爲此觀點提供了一個客觀的理由。當然，這個觀點不是蘭姆西才有；它幾乎是所有人類共享的。(從物理學家的觀點來看)星球是極大的，巨量的氣體被星球本身的引力壓縮、加熱到極高的溫度並發光。它們是簡單的，因爲任何複雜的化學物質都無法在這種高熱及壓力之下存在。因此，活著的生物組織其質量一定要比星球小很多，才能免於被引力壓垮。

㉖太陽裡頭有 1.3×10^{57}個核子（質子或中子）。這個數字的平方根是 3.4×10^{-28}，相當於五〇公斤的質量，和普通人的質量相差不到兩倍。

㉗信天翁（Albatross）是一種雙翼展幅很大的海鳥，可達十英呎。古代航海者傳說的大鵬鳥就是信天翁。——譯註

㉘他就是上文提到的世界西洋棋冠軍。——譯註

㉙麻省理工學院的理論家謝斯・洛伊德（Seth Lloyd）討論過電腦力量的絕對理論極限，這極限甚至遠在奈米科技力所能及之上。他認爲電腦可以緊密到變成一個黑洞。請參閱他的文章〈計算能力的終極物理限制〉（Ultimate physical limits to computation），發表於《自然》卷四〇六，頁一〇四七—一〇五四，二〇〇〇年。

㉚在深海的海底，甚至一萬公尺深的海底，有火山式的熱泉。這些熱泉的歷史顯然可達數億年以上，噴出的熱泉中含硫量很高，和地面上的火山熱泉口類似。在這些熱泉口附近有以硫爲主的生物，呈管狀，目前只知道是活的生命體，可是無法將之移到實驗室來研究，因爲一移到壓力低的地方，這些生命體就死了。這是一種地面上沒有的生命體。——譯註

12 另一個地球——宇宙還有其他生命嗎？

①卡西尼（Gian Domenico Cassini, 1625-1712），義大利天文學家，定出木星自轉的週期，發現新的土星衛星以及土星的環之間的間隙。他認爲土星的環是由許多岩石大小的小衛星所組成。——譯註

②惠更斯（Christian Huygens, 1629-1695）荷蘭數學家、物理學家、天文學家，在光的波動說中有所謂的惠更斯原理，至今仍被採用。他發現土星的衛星——土衛六及土星環。——譯註

③目前最成功的方法是一種非直接的技術，不涉及探測行星本身，而是行星的引力造成中央恆星的微小晃動。類似木星的行星引起每秒數公尺的運動；類似地球的行星只有每秒數公分，太小而無法測量。但我們可以用其他方法來揭露地球大小之行星的存在。例如，如果一顆這樣的行星通過恆星的前面，它會降低恆星的亮度不到萬分之一。要測到這麼小的亮度變化，最大的希望是用太空中的望遠鏡，使星光不受地球大氣的影響，因而更爲穩定。有一項規劃中的歐洲太空任務名爲愛丁頓（Eddington，以著名的

英國天文學家爲名），在未來十年中應當能測到類地行星穿越恆星。

④這項暫時看來最有希望成功的設計——細節尚未定案——是由四個到五個太空望遠鏡所組成的干涉儀（interferometer），來自恆星本身的光被干涉現象抵銷（到達一個望遠鏡的光波波峰，被到達另一個望遠鏡的波谷所抵銷），而不會蓋過繞行恆星者的超弱光線。

⑤我們不清楚有多少恆星會有這類的行星。奇怪的是，到現在爲止發現的大多數行星系統都和我們的太陽系大不相同。許多都有類木行星繞行非正圓的軌道，而且比我們的木星更靠近主星。這些行星會使得一切公轉軌道近乎圓形、與主星距離「適當」，因而能成爲生命居所的行星變得不穩定。我們還不能確定有多大比例的行星系統，可以允許類地行星的存在。

⑥不可知論（agnosticism，是已知論〔gnosticism〕的反義字）通常應用在宗教信仰上；無神論是 atheism，即否定神的存在。不可知論的態度是，你要我相信神，你就要先證明有神的存在。孔子的名言「未知生，焉知死？」就是典型的不可知論。既不否定，也不肯定，端看有沒有證據。——譯註

⑦《稀有的地球》，紐約：哥白尼出版社（Copernicus），二〇〇〇年。

⑧眞核細胞有細胞核、DNA、基因等。在這以前只有病毒類能自我複製生物組織，沒有細胞核。——譯註

⑨寒武紀（Cambrian）得名自這個地質年紀第一種化石發現的地方：英國的威爾斯，其拉丁地名爲Cambria。寒武紀約在六億年前，首見海生無脊椎動物，在此之前只有海藻。自寒武紀起，生物種類迅速增加，因此稱爲寒武紀爆炸。——譯註

⑩引自西蒙・摩利斯（Simon Conway Morris）的文章，見埃利斯（G. Ellis）編輯的《遙遠未來的宇宙》（*The Far Future Universe*），頁一六九，費城／倫敦：Templeton Foundation Press，二〇〇二年。也請參照摩利斯的另一書《創世的考驗》（*The Crucible of Creation*），劍橋大學出版社，一九八八年。

⑪類似太陽的恆星其能源來自它的核心中氫→氦的核子反應，如果百分之十的氫被用盡，星球的結構會起巨大的變化，（於一百萬年中）急速膨脹成紅巨星，其最外層會在金星和地球之間，氦開始起核子反應，把氦變成碳。氦用盡後，這星就沒有能源，能把外層吹出，形成行星狀星雲（planetary nebula）。在這兩種情形，繞著它旋轉的行星

都會受到高溫，因此不可能會有生命，而原有的生命也會滅絕。——譯註

⑫如果外星人存在，我們爲何冀望他們來訪？天文學家班・祖克曼（Ben Zuckerman）對此提出另一項理由（見《水星》，二〇〇二年九—十月號，頁一五—二〇）。他指出，任何用過類地行星搜尋者之類儀器勘察過銀河系的外星人，一定遠在人類出現之前就看出地球是一顆特別有趣的行星，有一個精細的生物圈，而他們也有充份的時間來到這裡。

⑬我們也許應當感激被置之不理。對於人類來說，外星人侵略的結果或許和歐洲人侵略北美的印第安人及南太平洋島嶼一樣。電影《ID4》（*Independence Day*）的情節可能比《ET》更爲眞實。

⑭ET是Extraterrestrial的縮寫，原來用作一部電影的名稱。——譯註

⑮見漢斯・佛羅登特爾所著的《Lincos，一種宇宙交流的語言》（*Lincos, a Language for Cosmic Intercourse*），Springer出版社，一九六〇年。

13 深入太空——地球之外的展望

①見雪爾的著作《地球的命運》，頁一五四。

②玉米片是美國流行的一種早餐。爲了吸引兒童，包裝盒上往往印有漫畫，其中就有在太空冒險的英雄。——譯註

③因爲哥倫比亞號太空梭的事故，太空站的前途更加不確定。太空梭已經暫時停飛，復飛的日子遙遙無期，而要完成太空站，剩下的三艘老舊太空梭也不敷使用。——譯註

④有關「直往火星」策略的描述，見朱步靈和李察·華格納（Richard Wagner）合著的《火星案例：定居紅行星計畫以及爲何必須如此》（*The Case for Mars: The Plan to Settle the Red Planet and Why We Must*），Touchstone 出版社，一九九六年。

⑤每隔兩年，地球和火星的相對位置最爲理想。這就是爲什麼相繼兩次發射的自然時間間隔是兩年。

⑥前往火星可以選擇幾種方式。一種是多用些燃料，馬力全開而去；另一種是節省燃料的方式，利用其他行星（包括地球）的引力來加速。讓太空船掠過金星及地球的邊上，

如果軌道位置得宜，可以使太空船加速。第一批（兩枚）送到太陽系以外的「航海家號」(Voyager)，就是以這種方式加速，從離開地球時的時速二萬餘公里，加速到四萬餘公里，朝星際空間奔馳而去。——譯註

⑦每隔兩年，火星和地球在軌道上的位置恰好可以送出太空船，其他時間燃料的消耗量太大。此外，這裡說得太樂觀了些。前往火星的旅程至少得要半年之久，一個人的消耗品（空氣、水、食物）爲二十三噸。可以在太空船上設置農場以再生空氣及廢料，可是如果不愼引入任何植物的疾病，就會把農場摧毀殆盡，因此這也是個大問題。——譯註

⑧同樣的問題在任何可供居住的行星都會發生，因爲引力一定要這麼強，才能留住溫度適合生命存在的大氣層。

⑨太陽能板可以無限期在太陽系的核心區域提供低推進動力，可是外圍區域的陽光太弱了，即使又大又重的太陽能板，產生的能量也很低。目前，前往太空深處的探測器攜帶了放射性同位素的熱電發電器（radioisotope thermoelectric generator, RTG），產生的能量足以支應無線電發射器及其他這類儀器所需。可是要供應推進力（尤其是要縮短飛

往別的行星所需時間的推進力，而不只是中途調整航向之用），就需要某種核分裂的反應器。這是一種合理的中程展望。長程及某些仍在臆測階段的選擇，包括了核融合反應器，甚至還有物質—反物質反應器。

⑩見 K. Jiang、Q. Li 以及 S. Fan 的論文，《自然》卷四一九，頁八〇一，二〇〇二年。

⑪歐尼爾的理念發表於《高空國境》（*High Frontier*），紐約：William Murrow 出版社，一九七七年。名爲「L_5會社」的組織大力鼓吹他的理念。L_5指的是在地球—月球系統中特別適合設置「棲息地」的地區。本福得和澤布羅斯基（G. Zebrowski）的選集《高空生活：短篇小說與科學中的太空棲息地》（*Skylife: Space Habitats in Story and Science*），收錄了一組這題材的虛構及科學文章。（譯按：L_5指的是拉格朗日點〔Lagrangian point〕，和月球、地球成一直線，在這點上月球和地球的引力相抵消，共有五個這樣的點。）

⑫這是佛里曼．戴森喜愛的命題之一，在他的伯納爾講座中首度描繪出其輪廓。確實，伯納爾（J. P. Bernal）在一九二九年就有這類的想法。戴森後來又再提到，見《想像的世界》，哈佛／耶路撒冷講座，二〇〇一年。

⑬生命現象狀態暫時停頓是科幻小說中常見用的情節，藉此超越一般的壽限。在這段時

間裡人不會老化，有如冬眠一般。是否可行，現在尚不得而知。——譯註

⑭見克利斯汀·德·杜夫所著的《生命演化中：分子、心智及意義》（*Life Evolving: Molecules, Mind and Meaning*），牛津大學出版社，二〇〇二年。

⑮一九六〇年代，亞瑟·克拉克把太陽死亡後「長長的曙光」（Long Twilight）以及今日其他熾熱的星球，想像爲一個立顯莊嚴而稍帶留戀的新紀元。「它將是一段只被光度昏暗的恆星發出的紅色光及紅外線照射的歷史，我們的眼睛幾乎看不見這些星球；可是，對於任何已經適應的奇特生物來說，這個幾近乎永恆的宇宙，其灰暗的色調或許仍舊充滿了色彩與美。他們知道，橫亙在他們眼前的不是「……量度那些星球過去生命的幾十億年，而是眞的可以用兆來計算的年份。在那些無盡的紀元中，他們有足夠的時間去嘗試所有的事物並累積知識。可是儘管有了這些，他們可能還是會嫉妒沐浴在宇宙創造的明亮餘暉中的我們；因爲我們在宇宙年輕的時候就知道它了。」（重印於《未來的輪廓》〔*Profile of the Future*〕，紐約：Warner Books，一九八五年）。

⑯蟲洞是數學上的一個（來自愛因斯坦相對論的）觀念。把兩個黑洞用數學方法聯繫起來，從一個黑洞進去，可以從另一個出來。如果兩個黑洞離得很遠，那麼就可以做出

超光速的旅行。可是到目前爲止，這個觀念一直都停留在臆測的階段。——譯註

14 後記

①要大略了解烏舍爾大主教的一生與成就，以及年代學從過去到現在的發展，有份文獻是不錯的參考資料——馬丁・果司特（Martin Gorst）所著的《無垠的紀元》（*Aeons*），倫敦：Fourth Estate，二〇〇一年。一直到一九一〇年，牛津大學出版社出版的聖經都還把以公元前四〇〇四年爲創世紀之年的烏舍爾年表列爲主要特點。

②引自萊特所著的《宇宙的原創理論或新假設》（*An Original Theory or New Hypothesis of the Universe*，一七五〇年出版），由劍橋大學出版社重新印行，並加上麥可・霍司金（Michael Hoskin）寫的引言。萊特不斷以宇宙的視野寫出世間的問題，其態度之輕鬆，非我們之中大多數人所能分享：「仰望這些天體時，我不能不去想，爲什麼全世界不會都變成天文學家……讓他們安於人性中那些困難的小事情，一點也不會感到焦慮。」

國家圖書館出版品預行編目資料

時終／芮斯 (Martin Rees) 著；
丘宏義譯.-- 初版--
臺北市：大塊文化，2005 [民 94]
面：　公分.-- (From ; 26)
譯自：Our Final Hour
ISBN 986-7291-24-7(平裝)

1. 未來社會 2. 預言

541.49　　94002985

LOCUS

LOCUS

LOCUS

LOCUS